AF292794

Bibliografische Information der Deutschen Nationalbibliothek: Die Deutsche Nationalbibliothek verzeichnet diese Publikation in der Deutschen Nationalbibliografie; detaillierte bibliografische Daten sind im Internet über dnb.dnb.de abrufbar.

2. Auflage 2018

Herstellung und Verlag:
BoD – Books on Demand, Norderstedt

ISBN: 978-3-7528-6273-7

Inhaltsverzeichnis

IMMANUEL KANT

–

BESTIMMUNG DES BEGRIFFS EINER MENSCHENRASSE

BESTIMMUNG DES BEGRIFFS EINER MENSCHENRASSE

Die Kenntnisse, welche die neuen Reisen über die Mannigfaltigkeiten in der Menschengattung verbreiten, haben bisher mehr dazu beigetragen, den Verstand über diesen Punkt zur Nachforschung zu reizen, als ihn zu befriedigen. Es liegt gar viel daran, den Begriff, welchen man durch Beobachtung aufklären will, vorher selbst wohl bestimmt zu haben, ehe man seinetwegen die Erfahrung befragt; denn man findet in ihr, was man bedarf, nur alsdann, wenn man vorher weiß, wornach man suchen soll. Es wird viel von den verschiedenen Menschenrassen gesprochen. Einige verstehen darunter wohl gar verschiedene Arten von Menschen; andere dagegen schränken sich zwar auf eine engere Bedeutung ein, scheinen aber diesen Unterschied nicht viel erheblicher zu finden, als den, welchen Menschen dadurch unter sich machen, daß sie sich bemalen oder bekleiden. Meine Absicht ist jetzt nur, diesen Begriff einer Rasse, wenn es deren in der Menschengattung gibt, genau zu bestimmen; die Erklärung des Ursprungs der wirklich vorhandenen, die man dieser Benennung fähig hält, ist nur Nebenwerk, womit man es halten kann, wie man will. Und doch sehe ich, daß übrigens scharfsinnige Männer in der Beurteilung dessen, was vor einigen Jahren lediglich in jener Absicht gesagt wurde,* auf diese Nebensache, nämlich die hypothetische Anwendung des Prinzips, ihr Augenmerk allein richteten, das Prinzip selbst aber, worauf doch alles ankommt, nur mit leichter Hand berührten. Ein Schicksal, welches mehreren Nachforschungen, die auf Prinzipien zurückkehren, widerfährt; und welches daher alles Streiten und Rechtfertigen in spekulativen Dingen widerraten, dagegen aber das Näherbestimmen und Aufklären des Mißverstandenen allein als ratsam anpreisen kann.

---

*Man sehe Engels Philosophen für die Welt, Th. II S. 125 f.

1. Nur das, was in einer Tiergattung anerbt, kann zu einem Klassen-Unterschied in derselben berechtigen

Der Mohr (Mauritanier), der, in seinem Vaterlande von Luft und Sonne braun gebrannt, sich von dem Deutschen oder Schweden durch die Hautfarbe so sehr unterscheidet, und der französische oder englische Kreole in Westindien, welcher, wie von einer Krankheit kaum wieder genesen, bleich und erschöpft aussieht, können um deswillen eben so wenig zu verschiedenen Klassen der Menschengattung gezählt werden, als der spanische Bauer von la Mancha, der schwarz, wie ein Schulmeister, gekleidet einher geht, weil die Schafe seiner Provinz durchgehends schwarze Wolle haben. Denn, wenn der Mohr in Zimmern, und der Kreole in Europa aufgewachsen ist, so sind beide von den Bewohnern unsers Weltteils nicht zu unterscheiden.

Der Missionar Demanet gibt sich das Ansehen, als ob er, weil er sich in Senegambia einige Zeit aufgehalten, von der Schwärze der Neger allein recht urteilen könne; und spricht seinen Landsleuten, den Franzosen, alles Urteil hierüber ab. Ich hingegen behaupte, daß man in Frankreich von der Farbe der Neger, die sich dort lange aufgehalten haben, noch besser aber derer, die da geboren sind, in so fern man darnach den Klassenunterschied derselben von andern Menschen bestimmen will, weit richtiger urteilen könne, als in dem Vaterlande der Schwarzen selbst. Denn das, was in Afrika der Haut des Negers die Sonne eindrückte, und also ihm nur zufällig ist, muß in Frankreich wegfallen; und allein die Schwärze übrig bleiben, die ihm durch seine Geburt zu Teil ward, die er weiter fortpflanzt, und die daher allein zu einem Klassenunterschiede gebraucht werden kann. Von der eigentlichen Farbe der Südseeinsulaner kann man sich, nach allen bisherigen Beschreibungen, noch keinen sicheren Begriff machen. Denn, ob einigen von ihnen gleich die Mahagoniholz-Farbe zugeschrieben wird, so weiß ich doch nicht, wie viel von diesem Braun einer bloßen Färbung durch Sonne und Luft, und wieviel davon der Geburt zuzuschreiben sei. Ein Kind, von einem solchen Paare in Europa gezeugt, würde allein die ihnen von Natur eigene Hautfarbe ohne Zweideutigkeit entdecken. Aus einer Stelle in der Reise Carterets (der freilich auf seinem Seezuge wenig Land betreten, dennoch aber verschiedene Insulaner auf ihren Kanots gesehen hatte) schließe ich: daß die Bewohner der meisten Inseln Weiße sein müssen. Denn auf Frevill-Eiland (in der Nähe der zu den indischen Gewässern gezählten Inseln) sah er, wie er sagt, zuerst das wahre Gelb der indischen Hautfarbe. Ob die Bildung der Köpfe auf Malakula der Natur oder der Künstelei zuzuschreiben sei, oder wie weit sich die natürliche Hautfarbe der Kaffern von der der Negern unterscheide, und andere charakteristische Eigenschaften mehr, ob sie erblich und von der Natur selbst in der Geburt, oder nur zufällig eingedrückt sein, wird sich daher noch lange nicht auf entscheidende Art ausmachen lassen.

2. Man kann in Ansehung der Hautfarbe vier Klassenunterschiede der Menschen annehmen

Wir kennen mit Gewißheit nicht mehr erbliche Unterschiede der Hautfarbe, als die: der Weißen, der gelben Indianer, der Neger und der kupferfarbig-roten Amerikaner. Merkwürdig ist: daß diese Charaktere sich erstlich darum zur Klasseneinteilung der Menschengattung vorzüglich zu schicken scheinen, weil jede dieser Klassen in Ansehung ihres Aufenthalts so ziemlich isolirt (d. i. von den übrigen abgesondert, an sich aber vereinigt) ist; die Klasse der Weißen vom Kap Finisterrae, über Nordkap, den Obstrom, die Kleine Bucharei, Persien, das Glückliche Arabien, Abessinien, die nördliche Grenze der Wüste Sahara, bis zum Weißen Vorgebirge in Afrika, oder der Mündung des Senegal; die der Schwarzen von da bis Capo Negro, und, mit Ausschließung der Kaffern, zurück nach Abessinien; die der Gelben im eigentlichen Hindostan bis Kap Komorin (ein Halbschlag von ihnen ist auf der andern Halbinsel Indiens und einigen nahe gelegenen Inseln); die der Kupferroten in einem ganz abgesonderten Weltteile, nämlich Amerika. Der zweite Grund, weswegen dieser Charakter sich vorzüglich zur Klasseneinteilung schickt, obgleich ein Farbenunterschied manchem sehr unbedeutend vorkommen möchte, ist: daß die Absonderung durch Ausdünstung das wichtigste Stück der Vorsorge der Natur sein muß, so fern das Geschöpf – in allerlei Himmels- und Erdstrich, wo es durch Luft und Sonne sehr verschiedentlich affizirt wird, versetzt – auf eine am wenigsten der Kunst bedürftige Art ausdauren soll, und daß die Haut, als Organ jener Absonderung betrachtet, die Spur dieser Verschiedenheit des Naturcharakters an sich trägt, welche zur Einteilung der Menschengattung in sichtbarlich verschiedene Klassen berechtigt. – Übrigens bitte ich, den, bisweilen bestrittenen, erblichen Unterschied der Hautfarbe so lange einzuräumen, bis sich zu dessen Bestätigung in der Folge Anlaß finden wird; imgleichen zu erlauben, daß ich annehme: es gebe keine erbliche Volkscharaktere in Ansehung dieser Naturliverei mehr, als die genannten vier; lediglich aus dem Grunde, weil sich jene Zahl beweisen, außer ihr aber keine andere mit Gewißheit dartun läßt.

3. In der Klasse der Weißen ist, außer dem, was zur Menschengattung überhaupt gehört, keine andere charakteristische Eigenschaft notwendig erblich; und so auch in den übrigen

Unter uns Weißen gibt es viele erbliche Beschaffenheiten, die nicht zum Charakter der Gattung gehören, worin sich Familien, ja gar Völker, von einander unterscheiden; aber auch keine einzige derselben artet unausbleiblich an, sondern die, welche damit behaftet sind, zeugen mit andern von der Klasse der Weißen auch Kinder, denen diese unterscheidende Beschaffenheit mangelt. So ist der Unterschied der blonden Farbe in Dänemark, hingegen in Spanien (noch mehr aber in Asien, an den Völkern, die zu den Weißen gezählt werden) die brunette Hautfarbe (mit ihrer Folge, der Augen- und Haarfarbe) herrschend. Es kann sogar in einem abgesonderten Volk diese letzte Farbe ohne Ausnahme anerben (wie bei den Sinesern, denen blaue Augen lächerlich vorkommen): weil in denselben kein Blonder angetroffen wird, der seine Farbe in die Zeugung bringen könnte. Allein, wenn von diesen Brunetten einer eine blonde Frau hat, so zeugt er brunette oder auch blonde Kinder, nachdem sie auf die eine oder andere Seite ausschlagen; und so auch umgekehrt. In gewissen Familien liegt erbliche Schwindsucht, Schiefwerden, Wahnsinn, u.s.w.; aber keines von diesen unzählbaren erblichen Übeln ist unausbleiblich erblich. Denn, ob es gleich besser wäre, solche Verbindungen, durch einige auf den Familienschlag gerichtete Aufmerksamkeit, beim Heiraten sorgfältig zu vermeiden: so habe ich doch mehrmals selbst wahrgenommen: daß ein gesunder Mann mit einer schwindsüchtigen Frau ein Kind zeugte, das in allen Gesichtszügen ihm ähnelte, und dabei gesund, und außerdem ein anderes, das der Mutter ähnlich sah, und, wie sie, schwindsüchtig war. Eben so finde ich in der Ehe eines Vernünftigen mit einer Frau, die nur aus einer Familie, worin Wahnsinn erblich, selbst aber vernünftig war, unter verschiedenen klugen, nur ein wahnsinniges Kind. Hier ist Nachartung; aber sie ist in dem, worin beide Eltern verschieden sind, nicht unausbleiblich. – Eben diese Regel kann man auch mit Zuversicht bei den übrigen Klassen zum Grunde legen. Neger, Indianer oder Amerikaner haben auch ihre persönliche, oder Familien- oder provinzielle Verschiedenheiten; aber keine derselben wird, in Vermischung mit denen, die von derselben Klasse sind, seine respektive Eigentümlichkeit unausbleiblich in die Zeugung bringen und fortpflanzen.

4. In der Vermischung jener genannten vier Klassen mit einander artet der Charakter einer jeden unausbleiblich an

Der Weiße mit der Negerin, und umgekehrt, geben den Mulatten, mit der Indianerin den gelben, und mit dem Amerikaner den roten Mestizen; der Amerikaner mit dem Neger den schwarzen Karaiben, und umgekehrt. (Die Vermischung des Indiers mit dem Neger hat man noch nicht versucht.) Der Charakter der Klassen artet in ungleichartigen Vermischungen unausbleiblich an, und es gibt hievon gar keine Ausnahme; wo man deren aber angeführt findet, da liegt ein Mißverstand zum Grunde, in dem man einen Albino oder Kakerlak (beides Mißgeburten) für Weiße gehalten hat. Dieses Anarten ist nun jederzeit beiderseitig, niemals bloß einseitig, an einem und demselben Kinde. Der weiße Vater drückt ihm den Charakter seiner Klasse und die schwarze Mutter den ihrigen ein. Es muß also jederzeit ein Mittelschlag oder Bastard entspringen; welche Blendlingsart, in mehr oder weniger Gliedern der Zeugung mit einer und derselben Klasse, allmählich erlöschen, wenn sie sich aber auf ihres gleichen einschränkt, sich ohne Ausnahme ferner fortpflanzen und verewigen wird.

5. Betrachtung über das Gesetz der notwendig halbschlächtigen Zeugung

Es ist immer ein sehr merkwürdiges Phänomen: daß, da es so manche, zum Teil wichtige und sogar familienweise erbliche, Charaktere in der Menschengattung gibt, sich doch kein einziger, innerhalb einer durch bloße Hautfarbe charakterisirten Menschenklasse, findet, der notwendig anerbt; daß dieser letztere Charakter hingegen, so geringfügig er auch scheinen mag, doch sowohl innerhalb dieser Klasse, als auch in der Vermischung derselben mit einer der drei übrigen, allgemein und unausbleiblich anartet. Vielleicht läßt sich aus diesem seltsamen Phänomen etwas über die Ursachen des Anartens solcher Eigenschaften, die nicht wesentlich zur Gattung gehören, bloß aus dem Umstande, daß sie unausbleiblich sind, mutmaßen.

Zuerst: was dazu beitrage, daß überhaupt etwas, das nicht zum Wesen der Gattung gehört, anerben könne? a priori auszumachen, ist ein mißliches Unternehmen; und in dieser Dunkelheit der Erkenntnisquellen ist die Freiheit der Hypothesen so uneingeschränkt, daß es nur schade um alle Mühe und Arbeit ist, sich desfalls mit Widerlegungen zu befassen, indem ein jeder in solchen Fällen seinem Kopfe folgt. Ich meines Teils sehe in solchen Fällen nur auf die besondere Vernunftmaxime, wovon ein jeder ausgeht, und nach welcher er gemeiniglich auch Facta aufzutreiben weiß, die jene begünstigen; und suche nachher die meinige auf, die mich gegen alle jene Erklärungen ungläubig macht, ehe ich mir noch die Gegengründe deutlich zu machen weiß. Wenn ich nun meine Maxime bewährt, dem Vernunftgebrauch in der Naturwissenschaft genau angemessen, und zur konsequenten Denkungsart allein tauglich befinde: so folge ich ihr, ohne mich an jene vorgeblichen Facta zu kehren, die ihre Glaubhaftigkeit und Zulänglichkeit zur angenommenen Hypothese fast allein von jener einmal gewählten Maxime entlehnen, denen man überdem ohne Mühe hundert andere Facta entgegensetzen kann. Das Anerben durch die Wirkung der Einbildungskraft schwangerer Frauen, oder auch wohl der Stuten in Marställen; das Ausrupfen des Barts ganzer Völkerschaften, so wie das Stutzen der Schwänze an englischen Pferden, wodurch die Natur genötigt werde, aus ihren Zeugungen ein Produkt, worauf sie uranfänglich organisirt war, nach gerade weg zu lassen; die geplätschten Nasen, welche, anfänglich von Eltern an neugebornen Kindern gekünstelt, in der Folge von der Natur in ihre zeugende Kraft aufgenommen wären: diese und andre Erklärungsgründe würden wohl schwerlich durch die zu ihrem Behuf angeführten Facta, denen man weit besser bewährte entgegensetzen kann, in kredit kommen, wenn sie nicht von der sonst ganz richtigen Maxime der Vernunft ihre Empfehlung bekämen, nämlich dieser: eher alles im Mutmaßen aus gegebenen Erscheinungen zu wagen, als zu deren Behuf besondere erste Naturkräfte oder anerschaffene Anlagen anzunehmen (nach dem Grundsatze: *principia praeter necessitatem non sunt multiplicanda*). Allein mir steht eine andere Maxime entgegen, welche jene, von der Ersparung entbehrlicher Prinzipien, einschränkt, nämlich: daß in der ganzen organischen Natur bei allen Veränderungen einzelner Geschöpfe die Spezies derselben sich unverändert erhalten (nach der Formel der Schulen: *quaelibet natura est conservatrix sui*). Nun ist es klar: daß, wenn der Zauberkraft der Einbildung, oder der Künstelei der Menschen an tierischen Körpern ein Vermögen zugestanden würde, die Zeugungskraft selbst abzuändern, das uranfängliche Modell der Natur umzuformen, oder durch Zusätze zu verunstalten, die gleichwohl nachher beharrlich in den folgenden Zeugungen aufbehalten würden: man gar nicht mehr wissen würde, von welchem Originale die Natur ausgegangen sei, oder wie weit es mit der Abänderung desselben gehen könne, und, da der Menschen Einbildung keine Gränzen erkennt, in welche Fratzengestalt die Gattungen und Arten zuletzt noch verwildern dürften. Dieser Erwägung gemäß nehme ich es mir zum Grundsatze, gar keinen in das Zeugungsgeschäft der Natur pfuschenden Einfluß der Einbildungskraft gelten zu lassen, und kein Vermögen der Menschen, durch äußere Künstelei Abänderungen in dem alten Original der Gattungen oder Arten zu bewirken, solche in die Zeugungskraft zu bringen, und erblich zu machen. Denn, lasse ich auch nur einen Fall dieser Art zu, so ist es, als ob ich auch nur eine einzige Gespenstergeschichte oder Zauberei einräumte. Die Schranken der Vernunft sind dann einmal durchbrochen, und der Wahn drängt sich bei Tausenden durch dieselbe Lücke durch. Es ist auch keine Gefahr, daß ich bei diesem Entschlusse mich vorsetzlich gegen wirkliche Erfahrungen blind, oder, welches einerlei ist, verstockt ungläubig machen würde. Denn alle dergleichen abenteuerliche Eräugnisse tragen ohne Unterschied das Kennzeichen an sich, daß sie gar kein Experiment verstatten, sondern nur durch Aufhaschung zufälliger Wahrnehmungen bewiesen sein wollen. Was aber von der Art ist: daß es, ob es gleich des Experiments gar wohl fähig ist, dennoch kein einziges aushält, oder ihm mit allerlei Vorwand beständig ausweicht: das ist nichts als Wahn und Erdichtung. Dies sind meine Gründe, warum ich einer Erklärungsart nicht beitreten kann, die dem schwärmerischen Hange zur magischen Kunst, welcher jede, auch die kleinste Bemäntelung erwünscht kommt, im Grunde Vorschub tut: daß nämlich das Anarten, selbst auch nur das zufällige, welches nicht immer gelingt, jemals die Wirkung einer anderen Ursache, als der in der Gattung selbst liegenden Keime und Anlagen sein könne.

Wenn ich aber gleich aus zufälligen Eindrücken entspringende und dennoch erblich werdende Charaktere einräumen wollte: so würde es doch unmöglich sein, dadurch zu erklären, wie jene vier Farbenunterschiede unter allen anerbenden die einzigen sind, die unausbleiblich anarten. Was kann anders die Ursache hievon sein, als daß sie in den Keimen des uns unbekannten ursprünglichen Stammes der Menschengattung, und zwar als solche Naturanlagen, gelegen haben müssen, die zur Erhaltung der Gattung, wenigstens in der ersten Epoche ihrer Fortpflanzung, notwendig gehörten, und daher in den folgenden Zeugungen unausbleiblich vorkommen mußten?

Wir werden also gedrungen anzunehmen: daß es einmal verschiedene Stämme von Menschen gegeben habe, ohngefähr in den

Wohnsitzen, worin wir sie jetzt antreffen, die, damit sich die Gattung erhielte, von der Natur ihren verschiedenen Weltstrichen genau angemessen, mithin auch verschiedentlich organisiert waren; wovon die viererlei Hautfarbe das äußere Kennzeichen ist. Diese wird nun einem jeden Stamme nicht allein in seinem Wohnsitze notwendig anerben, sondern, wenn sich die Menschengattung schon genugsam gestärkt hat (es sei, daß nur nach und nach die völlige Entwickelung zu Stande gekommen, oder durch allmähligen Gebrauch der Vernunft die Kunst der Natur hat Beihülfe leisten können), sich auch in jedem anderen Erdstriche in allen Zeugungen eben derselben Klasse unvermindert erhalten. Denn dieser Charakter hängt der Zeugungskraft notwendig an, weil er zur Erhaltung der Art erforderlich war. – Wären diese Stämme aber ursprünglich, so ließe es sich gar nicht erklären und begreifen, warum nun in der wechselseitigen Vermischung derselben unter einander der Charakter ihrer Verschiedenheit gerade unausbleiblich anarte, wie es doch wirklich geschieht. Denn die Natur hat einem jeden Stamm seinen Charakter, ursprünglich in Beziehung auf sein Klima und zur Angemessenheit mit demselben, gegeben. Die Organisation des einen hat also einen ganz anderen Zweck, als die des anderen; und, daß dem ungeachtet die Zeugungskräfte beider, selbst in diesem Punkte ihrer charakteristischen Verschiedenheit, so zusammenpassen sollten, daß daraus ein Mittelschlag nicht bloß entspringen könne, sondern sogar unausbleiblich erfolgen müsse: das läßt sich bei der Verschiedenheit ursprünglicher Stämme gar nicht begreifen. Nur alsdann, wenn man annimmt, daß in den Keimen eines einzigen ersten Stammes die Anlagen zu aller dieser klassischen Verschiedenheit notwendig haben liegen müssen, damit er zu allmählicher Bevölkerung der verschiedenen Weltstriche tauglich sei, läßt sich verstehen: warum, wenn diese Anlagen sich gelegentlich, und diesem gemäß auch verschiedentlich, auswickelten, verschiedene Klassen von Menschen entstehen, die auch ihren bestimmten Charakter in der Folge notwendig in die Zeugung mit jeder andern Klasse bringen mußten, weil er zur Möglichkeit ihrer eigenen Existenz, mithin auch der Möglichkeit der Fortpflanzung der Art gehörte, und von der notwendigen ersten Anlage in der Stammgattung abgeleitet war. Von solchen unausbleiblich und zwar selbst in der Vermischung mit anderen Klassen, dennoch halbschlächtig anerbenden Eigenschaften ist man also genötigt, auf diese ihre Ableitung von einem einigen Stamme zu schließen, weil ohne diesen die Notwendigkeit des Anartens nicht begreiflich wäre.

6. Nur das, was in dem Klassenunterschiede der Menschengattung unausbleiblich anerbt, kann zu der Bennenung einer besondern Menschenrasse berechtigen

Eigenschaften, die der Gattung selbst wesentlich angehören, mithin allen Menschen als solchen gemein sind, sind zwar unausbleiblich erblich; aber, weil darin kein Unterschied der Menschen liegt, so wird auf sie in der Einteilung der Rassen nicht Rücksicht genommen. Physische Charaktere, wodurch sich Menschen (ohne Unterschied des Geschlechts) von einander unterscheiden, und zwar nur die, welche erblich sind, kommen in Betracht (s. § 3), um eine Einteilung der Gattung in Klassen darauf zu gründen. Diese Klassen sind aber nur alsdann Rassen zu nennen, wenn jene Charaktere unausbleiblich (sowohl in ebenderselben Klasse, als in Vermischung mit jeder anderen) anarten. Der Begriff einer Rasse enthält also erstlich den Begriff eines gemeinschaftlichen Stammes, zweitens notwendig erbliche Charaktere des klassischen Unterschiedes der Abkömmlinge desselben von einander. Durch das letztere werden sichere Unterscheidungsgründe festgesetzt, wornach wir die Gattung in Klassen einteilen können, die dann, wegen des ersteren Punkts, nämlich der Einheit des Stammes, keinesweges Arten, sondern nur Rassen heißen müssen. Die Klasse der Weißen ist nicht als besondere Art in der Menschengattung von der der schwarzen unterschieden; und es gibt gar keine verschiedene Arten von Menschen. Dadurch würde die Einheit des Stammes, woraus sie hätten entspringen können, abgeleugnet; wozu man, wie aus der unausbleiblichen Anerbung ihrer klassischen Charaktere bewiesen worden, keinen Grund, vielmehr einen sehr wichtigen zum Gegentheil hat.[*]

---

*Anfänglich, wenn man bloß die Charaktere der Vergleichung (der Ähnlichkeit oder Un-

Der Begriff einer Rasse ist also: Der Klassenunterschied der Tiere eines und desselben Stammes, so fern er unausbleichlich erblich ist

Das ist die Bestimmung, die ich in dieser Abhandlung zur eigentlichen Absicht habe; das Übrige kann man als zur Nebenabsicht gehörig, oder bloße Zutat ansehen, und es annehmen oder verwerfen. Nur das erstere halte ich für bewiesen, und überdem zur Nachforschung in der Naturgeschichte als Prinzip brauchbar, weil es eines Experiments fähig ist, welches die Anwendung jenes Begriffs sicher leiten kann, der ohne jenes schwankend und unsicher sein würde. – Wenn verschiedentlich gestaltete Menschen in die Umstände gesetzt werden, sich zu vermischen, so gibt es, wenn die Zeugung halbschlächtig ist, schon eine starke Vermutung, sie möchten wohl zu verschiedenen Rassen gehören; ist aber dieses Produkt ihrer Vermischung jederzeit halbschlächtig, so wird jene Vermutung zur Gewißheit. Dagegen, wenn auch nur eine einzige Zeugung keinen Mittelschlag darstellt, so kann man gewiß sein, daß beide Eltern von derselben Gattung, so verschieden sie auch aussehen mögen, dennoch zu einer und derselben Rasse gehören.

Ich habe nur vier Rassen der Menschengattung angenommen: nicht als ob ich ganz gewiß wäre, es gebe nirgend eine Spur von noch mehreren; sondern weil bloß an diesen das, was ich zum Charakter einer Rasse fordere, nämlich die halbschlächtige Zeugung, ausgemacht, bei keiner anderen Menschenklasse aber genugsam bewiesen ist. So sagt Herr Pallas in seiner Beschreibung der mongolischen Völkerschaften: daß die erste Zeugung von einem Russen mit einer Frau der letzteren Völkerschaft (einer Burätin) schon sofort schöne Kinder gebe; er merkt aber nicht an, ob gar

ähnlichkeit nach) vor Augen hat, erhält man Klassen von Geschöpfen unter einer Gattung. Sieht man ferner auf ihre Abstammung, so muß sich zeigen, ob jene Klassen eben so viel verschiedene Arten, oder nur Rassen seien. Der Wolf, der Fuchs, der Jakal, die Hyäne und der Haushund sind so viel Klassen vierfüßiger Tiere. Nimmt man an: daß jede derselben eine besondere Abstammung bedurft habe, so sind es so viel Arten; räumt man aber ein, daß sie auch von einem Stamme haben entspringen können, so sind sie nur Rassen derselben. Art und Gattung sind in der Naturgeschichte (in der es nur um die Erzeugung und den Abstamm zu tun ist) an sich nicht unterschieden. In der Naturbeschreibung, da es bloß auf Vergleichung der Merkmale ankommt, findet dieser Unterschied allein statt. Was hier Art heißt, muß dort öfter nur Rasse genannt werden.

keine Spur des kalmückischen Ursprungs an denselben anzutreffen sei. Ein merkwürdiger Umstand, wenn die Vermengung eines Mongolen mit einem Europäer die charakteristischen Züge des erstern gänzlich auslöschen sollte, die doch in der Vermengung mit südlichern Völkerschaften (vermutlich mit Indianern) an den Sinesen, Avanern, Malaien, usw. mehr oder weniger kenntlich noch immer anzutreffen sind. Allein die mongolische Eigenthümlichkeit betrifft eigentlich die Gestalt, nicht die Farbe; von welcher allein die bisherige Erfahrung eine unausbleibliche Anartung, als den Charakter einer Rasse, gelehrt hat. Man kann auch nicht mit Gewißheit ausmachen, ob die Kafferngestalt der Papuas, und der ihnen ähnlichen verschiedenen Inselbewohner des Stillen Meeres, eine besondere Rasse anzeige, weil man das Produkt aus ihrer Vermischung mit Weißen noch nicht kennt; denn von den Negern sind sie durch ihren buschichten, obzwar gekräuselten Bart hinreichend unterschieden.

Anmerkung

Gegenwärtige Theorie, welche gewisse ursprüngliche in dem ersten und gemeinschaftlichen Menschenstamm auf die jetzt vorhandenen Rassenunterschiede ganz eigentlich angelegte Keime annimmt, beruht gänzlich auf der Unausbleiblichkeit ihrer Anartung, die bei den vier genannten Rassen durch alle Erfahrung bestätigt wird. Wer diesen Erklärungsgrund für unnötige Vervielfältigung der Prinzipien in der Naturgeschichte hält, und glaubt, man könne dergleichen spezielle Naturanlagen gar wohl entbehren, und, indem man den ersten Elternstamm als weiß annimmt, die übrigen sogenannten Rassen aus den in der Folge durch Luft und Sonne auf die spätern Nachkömmlinge geschehenen Eindrücken erklären: der hat alsdenn noch nichts bewiesen, wenn er anführt: daß manche andere Eigentümlichkeit bloß aus dem langen Wohnsitze eines Volkes in eben demselben Landstriche auch wohl endlich erblich geworden sei, und einen physischen Volkscharakter ausmache. Er muß von der Unausbleiblichkeit der Anartung solcher Eigentümlichkeiten und zwar nicht in demselben Volke, sondern in der Vermischung mit jedem andern (das darin von ihm abweicht), so daß die Zeugung ohne Ausnahme halbschlächtig ausfalle, ein Beispiel anführen. Dieses ist er aber nicht im Stande zu leisten. Denn es findet sich von keinem andern Charakter, als dem, dessen wir erwähnt haben, und wovon der Anfang über alle Geschichte hinausgeht, ein Beispiel zu diesem Behuf. Wollte er lieber verschiedene erste Menschenstämme mit dergleichen erblichen Charakteren annehmen: so würde erstlich der Philosophie wenig geraten sein, die alsdenn zu verschiedenen Geschöpfen ihre Zuflucht nehmen müßte, und selbst dabei doch immer die Einheit der Gattung einbüßete. Denn Tiere, deren Verschiedenheit so groß ist, daß zu deren Existenz eben so viel verschiedene Erschaffungen nötig wären, können wohl zu einer Nominalgattung (um sie nach gewissen Ähnlichkeiten zu klassifiziren), aber niemals zu einer Realgattung, als zu welcher durchaus wenigstens die Möglichkeit der Abstammung von einem einzigen Paar erfordert wird, gehören. Die letztere aber zu finden, ist eigentlich ein Geschäft der Naturgeschichte; mit der ersteren kann sich der Naturbeschreiber begnügen. Aber auch alsdenn würde zweitens doch immer die sonderbare Übereinstimmung der Zeugungskräfte zweier verschiedenen Gattungen, die, da sie in Ansehung ihres Ursprungs einander ganz fremd sind, dennoch mit einander fruchtbar vermischt werden können, ganz umsonst, und ohne einen anderen Grund, als daß es der Natur so gefallen, angenommen werden. Will man, um dieses letztere zu beweisen, Tiere anführen, bei denen dieses, ungeachtet der Verschiedenheit ihres ersten Stammes, dennoch geschehe: so wird ein jeder in solchen Fällen die letztere Voraussetzung leugnen, und vielmehr eben daraus, daß eine solche fruchtbare Vermischung statt findet, auf die Einheit des Stammes schließen, wie aus der Vermischung der Hunde und Füchse usw. Die unausbleibliche Anartung beiderseitiger Eigentümlichkeiten der Eltern ist also der einzig wahre und zugleich hinreichende Probierstein der Verschiedenheit der Rassen, wozu sie gehören, und ein Beweis der Einheit des Stammes, woraus sie entsprungen sind: nämlich der in diesem Stamm gelegten sich in der Folge der Zeugungen entwickelnden ursprünglichen Keime, ohne welche jene erblichen Mannigfaltigkeiten nicht würden entstanden sein, und vornehmlich nicht hätten notwendig erblich werden können.

Das Zweckmäßige in einer Organisation ist doch der allgemeine Grund, woraus wir auf ursprünglich in die Natur eines Geschöpfs in dieser Absicht gelegte Zurüstung, und, wenn dieser Zweck nur später hin zu erreichen war, auf anerschaffene Keime schließen. Nun ist dieses Zweckmäßige zwar an der Eigentümlichkeit keiner Rasse so deutlich zu beweisen möglich, als an der Negerrasse; allein das Beispiel, das von dieser allein hergenommen worden, berechtigt uns auch, nach der Analogie eben dergleichen von den übrigen wenigstens zu vermuten. Man weiß nämlich jetzt: daß das Menschenblut, bloß dadurch, daß es mit Phlogiston überladen wird, schwarz werde (wie an der unteren Seite eines Blutkuchens zu sehen ist). Nun gibt schon der starke und durch keine Reinlichkeit zu vermeidende Geruch der Neger Anlaß zu vermuten, daß ihre Haut sehr viel Phlogiston aus dem Blute wegschaffe, und daß die Natur diese Haut so organisirt haben müsse, daß das Blut sich bei ihnen in weit größerem Maße durch sie dephlogistisieren könne, als es bei uns geschieht; wo das letztere am meisten ein Geschäft der Lunge ist. Allein die echten Neger wohnen auch in Landstrichen, worin die Luft durch dicke Wälder und sumpfichte bewachsene Gegenden so phlogistisirt wird, daß nach Linds Berichte Todesgefahr für die englischen Matrosen dabei ist, auch nur auf einen Tag den Gambiastrom hinauf zu fahren, um daselbst Fleisch einzukaufen. Also wär es eine von der Natur sehr weislich getroffene Anstalt, ihre Haut so zu organisiren, daß das Blut, daß es durch die Lunge noch lange nicht Phlogiston genug wegschafft, sich durch jene bei weitem stärker, als bei uns, dephlogistisiren könne. Es müßte also in die Enden der Arterien sehr viel Phlogiston hinschaffen, mithin an diesem Orte, das ist unter der Haut selbst, damit überladen sein, und also schwarz durchscheinen, wenn es gleich im Innern des Körpers rot genug ist. Überdem ist die Verschiedenheit der Organisation der Negerhaut von der unsrigen, selbst nach dem Gefühle, schon merklich. – Was aber die Zweckmäßigkeit der Organisation der andern Rassen, so wie sie sich aus der Farbe schließen läßt, betrifft: so kann man sie freilich wohl nicht mit gleicher Wahrscheinlichkeit dartun; aber es fehlt doch auch nicht ganz an Erklärungsgründen der Hautfarbe, welche jene Vermutung der Zweckmäßigkeit unterstützen können. Wenn der Abt Fontana in dem, was er gegen den Ritter Landriani behauptet, nämlich: daß die fixe Luft, die bei jedem Ausatmen aus der Lunge gestoßen wird, nicht aus der Atmosphäre niedergeschlagen, sondern aus dem Blute selbst gekommen sei, Recht hat: so könnte wohl eine Menschenrasse ein mit dieser Luftsäure überladenes Blut haben, welche die Lungen nicht allein fortschaffen könnten, und wozu die Hautgefäße noch das ihrige beitragen müßten (freilich nicht in Luftgestalt, sondern mit anderem ausgedünstetem Stoffe verbunden). Auf diesem Fall würde gedachte Luftsäure den Eisenteilchen im Blute die rötliche Rostfarbe geben, welche die Haut der Amerikaner unterscheidet; und die Anartung dieser Hautbeschaffenheit kann ihre Notwendigkeit daher bekommen haben, daß die jetzigen Bewohner dieses Weltteils aus dem Nordosten von Asien, mithin nur an den Küsten und vielleicht gar nur über das Eis des Eismeeres in ihre jetzigen Wohnsitze haben gelangen können. Das Wasser dieser Meere aber muß in seinem kontinuirlichen Gefrieren auch kontinuierlich eine ungeheure Menge fixer Luft fahren lassen, mit welcher also die Atmosphäre dort vermutlich mehr überladen sein wird, als irgend anderwärts; für deren Wegschaffung daher (da sie, eingeatmet, die fixe Luft aus den Lungen nicht hinreichend wegnimmt) die Natur zum Voraus in der Organisation der Haut gesorgt haben mag. Man will in der Tat auch weit weniger Empfindlichkeit an der Haut der ursprünglichen Amerikaner wahrgenommen haben, welches eine Folge jener Organisation sein könnte, die sich nachher, wenn sie sich einmal zum Rassenunterschiede entwickelt hat, auch in wärmeren Klimaten erhält. Zur Ausübung ihres Geschäftes kann es aber auch in diesen an Stoffe nicht fehlen; denn alle Nahrungsmittel enthalten eine Menge fixer Luft in sich, die durchs Blut eingenommen und durch den gedachten Weg fortgeschafft werden kann. – Das flüchtige Alkali ist noch ein Stoff, den die Natur aus dem Blute wegschaffen muß; auf welche Absonderung sie gleichfalls gewisse Keime zur besonderen Organisation der Haut für diejenigen Abkömmlinge des ersten Stammes angelegt haben mag, die in der ersten Zeit der Auswikkelung der Menschheit ihren Aufenthalt in einem trockenen und heißen Landstriche finden würden, der ihr Blut vorzüglich zu übermäßiger Erzeugung jenes Stoffes fähig machte. Die kalten Hände der Indier, ob sie gleich mit Schweiß bedeckt sind, scheinen eine von der unsrigen verschiedene Organisation zu bestätigen. – Doch es ist wenig Trost für die Philosophie in Erkünstelung von Hypothesen. Sie sind indessen dazu gut, um allenfalls einem Gegner, der, wenn er gegen den Hauptsatz nichts Tüchtiges einzuwenden weiß, darüber frohlockt, daß das angenommene Prinzip nicht einmal die Möglichkeit der Phänomene begreiflich machen könne, – sein Hypothesenspiel mit einem gleichen, wenigstens eben so scheinbaren, zu vergelten.

Man mag aber ein System annehmen, welches man wolle; so ist doch so viel gewiß, daß die jetzt vorhandenen Rassen, wenn alle Vermischung derselben unter einander verhütet würde, nicht mehr erlöschen können. Die unter uns befindlichen Zigeuner, von denen erwiesen ist, daß sie ihrem Abstamme nach Indier sind, geben davon den deutlichsten Beweis. Man kann ihrer Anwesenheit in Europa weit über dreihundert Jahre nachspüren; und noch sind sie nicht im mindesten von der Gestalt ihrer Vorfahren ausgeartet. Die am Gambia in Neger ausgeartet sein sollende Portugiesen sind Abkömmlinge von Weißen, die sich mit Schwarzen verbastert haben; denn wo steht es berichtet, und wie ist es auch nur wahrscheinlich, daß die ersten hieher gekommenen Portugiesen eben so viel weiße Weiber mitgebracht hätten, diese auch alle lange genug am Leben geblieben, oder durch andere Weiße ersetzt wären, um einen reinen Abstamm von Weißen in einem fremden Weltteile zu gründen? Dagegen sind bessere Nachrichten davon: daß König Johann II., der von 1481 bis 1495 regierte, da ihm alle nach St. Thomas abgeschickte Kolonisten ausstarben, diese Insel durch lauter getaufte Judenkinder (mit portugiesisch-christlichem Gewissen) bevölkerte, von welchen, so viel man weiß, die gegenwärtigen Weißen auf derselben abstammen. Die Negerkreolen in Nordamerika, die Holländer auf Java bleiben ihrer Rasse getreu. Die Schminke, die die Sonne auf ihrer Haut hinzutut, eine kühlere Luft aber wieder wegnimmt, muß man nur nicht mit der der Rasse eigenen Farbe verwechseln; denn jene erbt doch niemals an. Also müssen sich die Keime, die ursprünglich in den Stamm der Menschengattung zu Erzeugung der Rassen gelegt waren, schon in der ältesten Zeit nach dem Bedürfniß des Klima, wenn der Aufenthalt lange daurete, entwickelt haben; und, nachdem eine dieser Anlagen bei einem Volke entwickelt war, so löschte sie alle übrigen gänzlich aus. Daher kann man auch nicht annehmen, daß eine in gewisser Proportion vorgehende Mischung verschiedener Rassen auch noch jetzt die Gestalt des Menschenstammes aufs neue herstellen könne. Denn sonst würden die Blendlinge, die aus dieser ungleichartigen Begattung erzeugt werden, sich auch noch jetzt (wie ehemals der erste Stamm) von selbst in ihren Zeugungen bei ihrer Verpflanzung in verschiedenen Klimaten wiederum in ihre ursprüngliche Farben zersetzen, welches zu vermuten man durch keine bisherige Erfahrung berechtigt wird; weil alle diese Bastarderzeugungen in ihrer eigenen weiteren Fortpflanzung sich eben so beharrlich erhalten, als die Rassen, aus deren Vermischung sie entsprungen sind. Wie also die Gestalt des ersten Menschenstammes (der Hautbeschaffenheit nach) beschaffen gewesen sein möge, ist daher jetzt unmöglich zu erraten; selbst der Charakter der Weißen ist nur die Entwickelung einer der ursprünglichen Anlagen, die, nebst den übrigen, in jenem anzutreffen waren.

IMMANUEL
KANT

–

VON DEN VERSCHIEDENEN RASSEN DER MENSCHEN

1. VON DER VERSCHIEDENHEIT DER RASSEN ÜBERHAUPT

Die Vorlesung, welche ich ankündige, wird mehr eine nützliche Unterhaltung, als eine mühsame Beschäftigung sein; daher die Untersuchung, womit ich diese Ankündigung begleite, zwar etwas für den Verstand, aber mehr wie ein Spiel desselben, als eine tiefe Nachforschung enthalten wird.

Im Tierreiche gründet sich die Natureinteilung in Gattungen und Arten auf das gemeinschaftliche Gesetz der Fortpflanzung, und die Einheit der Gattungen ist nichts anders, als die Einheit der zeugenden Kraft, welche für eine gewisse Mannigfaltigkeit von Tieren durchgängig geltend ist. Daher muß die Buffonsche Regel: daß Tiere, die mit einander fruchtbare Jungen erzeugen, (von welcher Verschiedenheit der Gestalt sie auch sein mögen) doch zu einer und derselben physischen Gattung gehören, eigentlich nur als die Definition einer Naturgattung der Tiere überhaupt, zum Unterschiede von allen Schulgattungen derselben, angesehen werden. Die Schuleinteilung geht auf Klassen, welche nach Ähnlichkeiten, die Natureintheilung aber auf Stämme, welche die Tiere nach Verwandtschaften in Ansehung der Erzeugung einteilt. Jene verschaffen ein Schulsystem für das Gedächtnis; diese ein Natursystem für den Verstand: die erstere hat nur zur Absicht, die Geschöpfe unter Titel, die zweite, sie unter Gesetze zu bringen.

Nach diesem Begriffe gehören alle Menschen auf der weiten Erde zu einer und derselben Naturgattung, weil sie durchgängig mit einander fruchtbare Kinder zeugen, so große Verschiedenheiten auch sonst in ihrer Gestalt mögen angetroffen werden. Von dieser Einheit der Naturgattung, welche eben so viel ist, als die Einheit der für sie gemeinschaftlich gültigen Zeugungskraft, kann man nur eine einzige natürliche Ursache anführen: nämlich, daß sie alle zu einem einzigen Stamme gehören, woraus sie, unerachtet ihrer Verschiedenheiten, entsprungen sind, oder doch wenigstens haben entspringen können. Im erstern Falle gehören die Menschen nicht bloß zu einer und derselben Gattung, sondern auch zu Einer Familie; im zweiten sind sie einander ähnlich, aber nicht verwandt, und es müßten viel Lokalschöpfungen angenommen werden; eine

Meinung, welche die Zahl der Ursachen ohne Not vervielfältigt. Eine Tiergattung, die zugleich einen gemeinschaftlichen Stamm hat, enthält unter sich nicht verschiedene Arten (denn diese bedeuten eben die Verschiedenheiten der Abstammung); sondern ihre Abweichungen von einander heißen Abartungen, wenn sie erblich sind. Die erblichen Merkmale der Abstammung, wenn sie mit ihrer Abkunft einstimmig sind, heißen Nachartungen; könnte aber die Abartung nicht mehr die ursprüngliche Stammbildung herstellen, so würde sie Ausartung heißen.

Unter den Abartungen, d. i. den erblichen Verschiedenheiten der Tiere, die zu einem einzigen Stamme gehören, heißen diejenigen, welche sich sowohl bei allen Verpflanzungen (Versetzungen in andre Landstriche) in langen Zeugungen unter sich beständig erhalten, als auch, in der Vermischung mit andern Abartungen desselbigen Stamms, jederzeit halbschlächtige Junge zeugen, Rassen. Die, so bei allen Verpflanzungen das Unterscheidende ihrer Abartung zwar beständig erhalten und also nacharten, aber in der Vermischung mit andern nicht notwendig halbschlächtig zeugen, heißen Spielarten; die aber, so zwar oft aber nicht beständig nacharten, Varietäten. Umgekehrt heißt die Abartung, welche mit andern zwar halbschlächtig erzeugt, aber durch die Verpflanzung nach und nach erlischt, ein besonderer Schlag.

Auf diese Weise sind Neger und Weiße zwar nicht verschiedene Arten von Menschen (denn sie gehören vermutlich zu einem Stamme); aber doch zwei verschiedene Rassen; weil jede derselben sich in allen Landstrichen perpetuiert, und beide mit einander notwendig halbschlächtige Kinder, oder Blendlinge (Mulatten) erzeugen. Dagegen sind Blonde und Brunette nicht verschiedene Rassen der Weißen; weil ein blonder Mann von einer brunetten Frau auch lauter blonde Kinder haben kann, obgleich jede dieser Abartungen sich bei allen Verpflanzungen lange Zeugungen hindurch erhält. Daher sind sie Spielarten der Weißen. Endlich bringt die Beschaffenheit des Bodens (Feuchtigkeit oder Trockenheit), imgleichen der Nahrung nach und nach einen erblichen Unterschied oder Schlag unter Tiere einerlei Stammes und Rasse, vornehmlich in Ansehung der Größe, der Proportion der Gliedmaßen (plump oder geschlank), ingleichen des Naturells, der zwar in der Vermischung mit fremden halbschlächtig anartet, aber auf einem andern Boden und bei anderer Nahrung (selbst ohne Veränderung des Klima) in wenig Zeugungen verschwindet. Es ist angenehm, den verschiedenen Schlag der Menschen nach Verschiedenheit dieser Ursachen zu bemerken, wo er in eben demselben Lande bloß nach den Provinzen kenntlich ist (wie sich die Böotier, die einen feuchten, von den Atheniensern unterschieden, die einen trockenen Boden bewohnten), welche Verschiedenheit oft freilich nur einem aufmerksamen Auge kenntlich ist, von andern aber belacht wird. Was bloß zu den Varietäten gehört, und also an sich selbst (ob zwar eben nicht beständig) erblich ist, kann doch durch Ehen, die immer in denselben Familien verbleiben, dasjenige mit der Zeit hervorbringen, was ich den Familienschlag nenne, wo sich etwas Charakteristisches endlich so tief in die Zeugungskraft einwurzelt, daß es einer Spielart nahe kommt, und sich wie diese perpetuirt. Man will dieses an dem alten Adel von Venedig, vornehmlich den Damen desselben, bemerkt haben. Zum wenigsten sind in der neu entdeckten Insel Otaheite die adlichen Frauen insgesammt größern Wuchses als die gemeinen. – Auf der Möglichkeit, durch sorgfältige Aussonderung der ausartenden Geburten von den einschlagenden, endlich einen dauerhaften Familienschlag zu errichten, beruhte die Meinung des Herrn von Maupertuis: einen von Natur edlen Schlag Menschen in irgend einer Provinz zu ziehen, worin Verstand, Tüchtigkeit und Rechtschaffenheit erblich wären. Ein Anschlag, der meiner Meinung nach an sich selbst zwar tunlich, aber durch die weisere Natur ganz wohl verhindert ist, weil eben in der Vermengung des Bösen mit dem Guten die großen Triebfedern liegen, welche die schlafenden Kräfte der Menschheit in Spiel setzen, und sie nötigen, alle ihre Talente zu entwickeln, und sich der Vollkommenheit ihrer Bestimmung zu nähern. Wenn die Natur ungestört (ohne Verpflanzung oder fremde Vermischung) viele Zeugungen hindurch wirken kann: so bringt sie jederzeit endlich einen dauerhaften Schlag hervor, der Völkerschaften auf immer kenntlich macht, und eine Rasse würde genannt werden, wenn das Charakteristische nicht zu unbedeutend schiene, und zu schwer zu beschreiben wäre, um darauf eine besondere Abteilung zu gründen.

2. Einteilung der Menschengattung in ihre verschiedenen Rassen

Ich glaube, man habe nur nötig, vier Rassen derselben anzunehmen, um alle dem ersten Blick kenntliche und sich perpetuirende Unterschiede davon ableiten zu können. Sie sind 1) die Rasse der Weißen, 2) die Negerrasse, 3) die hunnische (mungalische oder kalmuckische) Rasse, 4) die hinduische oder hindistanische Rasse. Zu der erstern, die ihren vornehmsten Sitz in Europa hat, rechne ich noch die Mohren (Mauren von Afrika), die Araber (nach dem Niebuhr), den türkisch-tatarischen Völkerstamm, und die Perser, imgleichen alle übrige Völker von Asien, die nicht durch die übrigen Abteilungen namentlich davon ausgenommen sind. Die Negerrasse der nordlichen Halbkugel ist bloß in Afrika, die der südlichen (außerhalb Afrika) vermutlich nur in Neuguinea eingeboren (autochthones), in einigen benachbarten Inseln aber bloße Verpflanzungen. Die kalmuckische Rasse scheint unter den Choschotischen am reinsten, unter den Torgöts etwas, unter den Dsingorischen mehr mit tatarischem Blute vermischt zu sein, und ist eben dieselbe, welche in den ältesten Zeiten den Namen der Hunnen, später den Namen der Mungalen (in weiter Bedeutung) und jetzt der Ölöts führt. Die hindistanische Rasse ist in dem Lande dieses Namens sehr rein und uralt, aber von dem Volke auf der jenseitigen Halbinsel Indiens unterschieden. Von diesen vier Rassen glaube ich alle übrige erbliche Völkercharaktere ableiten zu können: entweder als vermischte oder angehende Rassen; wovon die erste aus der Vermischung verschiedener entsprungen ist, die zweite in dem Klima noch nicht lange genug gewohnt hat, um den Charakter der Rasse desselben völlig anzunehmen. So hat die Vermischung des tatarischen mit dem hunnischen Blute an den Karakalpaken, den Nagajen und andern, Halbrassen hervorgebracht. Das hindistanische Blut, vermischt mit dem der alten Skythen (in und um Tibet) und mehr oder weniger von dem hunnischen, hat vielleicht die Bewohner der jenseitigen Halbinsel Indiens, die Tongkinesen und Schinesen, als eine vermischte Rasse erzeugt. Die Bewohner der nördlichen Eisküste Asiens sind ein Beispiel einer angehenden hunnischen Rasse, wo sich schon das durchgängig schwarze Haar, das bartlose Kinn, das flache Gesicht und langgeschlitzte wenig geöffnete Augen zeigen: die Wirkung der Eiszone an einem Volke, welches in spätern Zeiten aus milderem Himmelsstriche in diese Sitze getrieben worden, so wie die Seelappen, ein Abstamm des ungrischen Volks, in nicht gar viel Jahrhunderten, schon ziemlich in das Eigentümliche des kalten Himmelstrichs eingeartet sind, ob sie zwar von einem wohlgewachsenen Volke aus der temperirten Zone entsprossen waren. Endlich scheinen die Amerikaner eine noch nicht völlig eingeartete hunnische Rasse zu sein. Denn im äußersten Nordwesten von Amerika (woselbst auch aller Vermutung nach, die Bevölkerung dieses Weltteils aus dem Nordosten von Asien, wegen der übereinstimmenden Tierarten in beiden geschehen sein muß), an den nordlichen Küsten von der Hudsonsbai sind die Bewohner den Kalmucken ganz ähnlich. Weiter hin in Süden wird das Gesicht zwar offener und erhobener, aber das bartlose Kinn, das durchgängig schwarze Haar, die rotbraune Gesichtsfarbe, imgleichen die Kälte und Unempfindlichkeit des Naturells, lauter Überbleibsel von der Wirkung eines langen Aufenthalts in kalten Weltstrichen, wie wir bald sehen werden, gehen von dem äußersten Norden dieses Weltteils bis zum Staaten-Eilande fort. Der längere Aufenthalt der Stammväter der Amerikaner in N.O. von Asien und dem benachbarten N.W. von Amerika hat die kalmuckische Bildung zur Vollkommenheit gebracht; die geschwindere Ausbreitung ihrer Abkömmlinge aber nach dem Süden dieses Weltteils die amerikanische. Von Amerika aus ist gar nichts weiter bevölkert. Denn auf den Inseln des Stillen Meers sind alle Einwohner, einige Neger ausgenommen, bärtig; vielmehr geben sie einige Zeichen der Abkunft von den Malaien, eben so, wie die auf den Sundaischen Inseln; und die Art von Lehnsregierung, welche man auf der Insel Otaheite antraf, und welche auch die gewöhnliche Staatsverfassung der Malaien ist, bestätigt diese Vermutung.

Die Ursache, Neger und Weiße für Grundrassen anzunehmen, ist für sich selbst klar. Was die hindistanische und kalmuckische betrifft, so ist das Olivengelb, welches dem mehr oder wenigen Braunen der heißen Länder zum Grunde liegt, bei den erstern eben so wenig, als das originale Gesicht der zweiten von irgend einem andern bekannten Nationcharakter abzuleiten, und beide drücken sich in vermischten Begattungen unausbleiblich ab. Eben dieses gilt von der in die kalmuckische Bildung einschlagenden und damit durch einerlei Ursache verknüpften amerikanischen Rasse. Der Ostindianer gibt durch Vermischung mit dem Weißen den gelben Mestizen, wie der Amerikaner mit demselben den roten, und der Weiße mit dem Neger den Mulatten, der Amerikaner mit eben demselben den Kabugl oder den schwarzen Karaiben: welches jederzeit kenntlich bezeichnete Blendlinge sind; und ihre Abkunft von echten Rassen beweisen.

3. Von den unmittelbaren Ursachen des Ursprungs dieser verschiedenen Rassen

Die in der Natur eines organischen Körpers (Gewächses oder Tieres) liegenden Gründe einer bestimmten Auswickelung heißen, wenn diese Auswickelung besondere Teile betrifft, Keime; betrifft sie aber nur die Größe oder das Verhältniß der Teile untereinander, so nenne ich sie natürliche Anlagen. In den Vögeln von derselben Art, die doch in verschiedenen Klimaten leben sollen, liegen Keime zur Auswickelung einer neuen Schicht Federn, wenn sie im kalten Klima leben, die aber zurückgehalten werden, wenn sie sich in gemäßigten aufhalten sollen. Weil in einem kalten Lande das Weizenkorn mehr gegen feuchte Kälte geschützt werden muß, als in einem trocknen oder warmen, so liegt in ihm eine vorher bestimmte Fähigkeit oder natürliche Anlage, nach und nach eine dickere Haut hervorzubringen. Diese Fürsorge der Natur, ihr Geschöpf durch versteckte innere Vorkehrungen auf allerlei künftige Umstände auszurüsten, damit es sich erhalte, und der Verschiedenheit des Klima oder des Bodens angemessen sei, ist bewundernswürdig und bringt bei der Wanderung und Verpflanzung der Tiere und Gewächse, dem Scheine nach, neue Arten hervor, welche nichts anders, als Abartungen und Rassen von derselben Gattung sind, deren Keime und natürliche Anlagen sich nur gelegentlich in langen Zeitläuften auf verschiedene Weise entwickelt haben.*

---

*Wir nehmen die Benennungen: Naturbeschreibung und Naturgeschichte gemeiniglich in einerlei Sinne. Allein es ist klar, daß die Kenntnis der Naturdinge, wie sie jetzt sind,

Der Zufall, oder allgemeine mechanische Gesetze, können solche Zusammenpassungen nicht hervorbringen. Daher müssen wir dergleichen gelegentliche Auswickelungen als vorgebildet ansehn. Allein selbst da, wo sich nichts Zweckmäßiges zeiget, ist das bloße Vermögen, seinen besondern angenommenen Charakter fortzupflanzen, schon Beweises genug: daß dazu ein besonderer Keim oder natürliche Anlage in dem organischen Geschöpf anzutreffen gewesen. Denn äußere Dinge können wohl Gelegenheits- aber nicht hervorbringende Ursachen von demjenigen sein, was notwendig anerbt und nachartet. So wenig, als der Zufall oder physisch-mechanische Ursachen einen organischen Körper hervorbringen können, so wenig werden sie zu seiner Zeugungskraft etwas hinzusetzen, d. i. etwas bewirken, was sich selbst fortpflanzt, wenn es eine besondere Gestalt oder Verhältniß der Teile ist.* Luft, Sonne und Nahrung können einen tierischen Körper in seinem Wachstume modifizieren, aber diese Veränderung nicht zugleich mit einer zeugenden Kraft versehen, die vermögend wäre, sich selbst, auch ohne diese Ursache, wieder hervorzubringen; sondern, was sich fortpflanzen soll, muß in der Zeugungskraft schon vorher gelegen haben, als vorher bestimmt zu einer gelegentlichen Auswickelung, den Umständen gemäß, darein das Geschöpf geraten kann, und in welchen es sich beständig erhalten soll. Denn in die Zeugungskraft muß nichts dem Tiere Fremdes hinein kommen können, was vermögend wäre, das Geschöpf nach und nach von seiner ursprünglichen und wesentlichen Bestimmung zu entfernen, und wahre Ausartungen hervorzubringen, die sich perpetuierten.

Der Mensch war für alle Klimaten und für jede Beschaffenheit des Bodens bestimmt; folglich mußten in ihm mancherlei Keime und

---

immer noch die Erkenntnis von demjenigen wünschen lasse, was sie ehedem gewesen sind, und durch welche Reihe von Veränderungen sie durchgegangen, um an jedem Orte in ihren gegenwärtigen Zustand zu gelangen. Die Naturgeschichte, woran es uns fast noch gänzlich fehlt, würde uns die Veränderung der Erdgestalt, ingleichen die der Erdgeschöpfe (Pflanzen und Tiere), die sie durch natürliche Wandrungen erlitten haben, und ihre daraus entsprungene Abartungen von dem Urbilde der Stammgattung lehren. Sie würde vermutlich eine große Menge scheinbar verschiedene Arten zu Rassen eben derselben Gattung zurückführen, und das jetzt so weitläuftige Schulsystem der Naturbeschreibung in ein physisches System für den Verstand verwandeln.

*Krankheiten sind bisweilen erblich. Aber diese bedürfen keiner Organisation, sondern nur eines Ferments schädlicher Säfte, die sich durch Ansteckung fortpflanzen. Sie arten auch nicht notwendig an.

natürliche Anlagen bereit liegen, um gelegentlich entweder ausgewickelt oder zurückgehalten zu werden, damit er seinem Platze in der Welt angemessen würde, und in dem Fortgange der Zeugungen demselben gleichsam angeboren und dafür gemacht zu sein schiene. Wir wollen, nach diesen Begriffen, die ganze Menschengattung auf der weiten Erde durchgehn, und daselbst zweckmäßige Ursachen seiner Abartungen anführen, wo die natürlichen nicht wohl einzusehen sind, hingegen natürliche, wo wir die Zwecke nicht gewahr werden. Hier merke ich nur an: daß Luft und Sonne diejenigen Ursachen zu sein scheinen, welche auf die Zeugungskraft innigst einfließen, und eine dauerhafte Entwickelung der Keime und Anlagen hervorbringen, d. i. eine Rasse gründen können; da hingegen die besondere Nahrung zwar einen Schlag Menschen hervorbringen kann, dessen Unterscheidendes aber bei Verpflanzungen bald erlischt. Was auf die Zeugungskraft haften soll, muß nicht die Erhaltung des Lebens, sondern die Quelle desselben, d. i. die ersten Prinzipien seiner tierischen Einrichtung und Bewegung affizieren.

Der Mensch, in die Eiszone versetzt, mußte nach und nach in eine kleinere Statur ausarten; weil bei dieser, wenn die Kraft des Herzens dieselbe bleibt, der Blutumlauf in kürzerer Zeit geschieht, der Pulsschlag also schneller und die Blutwärme größer wird. In der Tat fand auch Cranz die Grönländer nicht allein weit unter der Statur der Europäer, sondern auch von merklich größerer natürlichen Hitze ihres Körpers. Selbst das Mißverhältnis zwischen der ganzen Leibeshöhe und den kurzen Beinen an den nördlichsten Völkern ist ihrem Klima angemessen, da diese Teile des Körpers wegen ihrer Entlegenheit vom Herzen in der Kälte mehr Gefahr leiden. Gleichwohl scheinen doch die meisten der jetzt bekannten Einwohner der Eiszone nur spätere Ankömmlinge daselbst zu sein; wie die Lappen, welche, mit den Finnen aus einerlei Stamme, nämlich dem ungrischen entsprungen, nur seit der Auswanderung der letztern (aus dem Osten von Asien) die jetzigen Sitze eingenommen haben, und doch schon in dieses Klima auf einen ziemlichen Grad eingeartet sind.

Wenn aber ein nordliches Volk lange Zeitläufte hindurch genötigt ist, den Einfluß von der Kälte der Eiszone auszustehen, so müssen sich mit ihm noch größere Veränderungen zutragen. Alle Auswikkelung, wodurch der Körper seine Säfte nur verschwendet, muß in diesem austrocknenden Himmelsstriche nach und nach gehemmt werden. Daher werden die Keime des Haarwuchses mit der Zeit unterdrückt, so, daß nur diejenigen übrig bleiben, welche zur notwendigen Bedeckung des Hauptes erforderlich sind. Vermöge einer natürlichen Anlage werden auch die hervorragenden Teile des Gesichts, welches am wenigsten einer Bedeckung fähig ist, da sie durch die Kälte unaufhörlich leiden, vermittelst einer Fürsorge der Natur, allmählig flacher werden, um sich besser zu erhalten. Die wulstige Erhöhung unter den Augen, die halbgeschlossenen und blinzenden Augen scheinen zur Verwahrung derselben, teils gegen die austrocknende Kälte der Luft, teils gegen das Schneelicht (wogegen die Eskimos auch Schneebrillen brauchen), wie veranstaltet zu sein, ob sie gleich auch als natürliche Wirkungen des Klima angesehen werden können, die selbst in mildern Himmelsstrichen, nur in weit geringerm Maße, zu bemerken sind. So entspringt nach und nach das bartlose Kinn, die gepletschte Nase, dünne Lippen, blinzende Augen, das flache Gesicht, die rötlich braune Farbe mit dem schwarzen Haare, mit einem Worte, die kalmuckische Gesichtsbildung, welche, in einer langen Reihe von Zeugungen in demselben Klima, sich bis zu einer dauerhaften Rasse einwurzelt, die sich erhält, wenn ein solches Volk gleich nachher in mildern Himmelsstrichen neue Sitze gewinnt.

Man wird ohne Zweifel fragen, mit welchem Rechte ich die kalmuckische Bildung, welche jetzt in einem mildern Himmelsstriche in ihrer größten Vollständigkeit angetroffen wird, tief aus Norden oder Nordosten herleiten könne? Meine Ursache ist diese. Herodot berichtet schon aus seinen Zeiten: daß die Argippäer, Bewohner eines Landes am Fuße hoher Gebirge, in einer Gegend, welche man für die des Uralgebirges halten kann, kahl und flachnasicht wären, und ihre Bäume mit weißen Decken (vermutlich versteht er Filzzelte) bedeckten. Diese Gestalt findet man jetzt, in größerm oder kleinerm Maße, im Nordosten von Asien, vornehmlich aber in dem nordwestlichen Teil von Amerika, den man von der Hudsonsbai aus hat entdecken können, wo, nach einigen neuen Nachrichten, die Bewohner wie wahre Kalmucken aussehn. Bedenkt man nun, daß in der ältesten Zeit Tiere und Menschen in dieser Gegend zwischen Asien und Amerika müssen gewechselt haben, indem man einerlei Tiere in dem kalten Himmelsstriche beider Weltteile antrifft, daß diese menschliche Rasse sich allererst etwa 1.000 Jahre vor unserer Zeitrechnung (nach dem Desguignes) über den Amurstrom hinaus den Chinesen zeigte, und nach und nach andere Völker, von tatarischen, ungrischen und andern Stämmen, aus ihren Sitzen vertrieb, so wird diese Abstammung aus dem kalten Weltstriche nicht ganz erzwungen scheinen.

Was aber das Vornehmste ist, nämlich die Ableitung der Amerikaner, als einer nicht völlig eingearteten Rasse, eines Volks, das lange den nordlichsten Weltstrich bewohnt hat, wird gar sehr durch den erstickten Haareswuchs an allen Teilen des Körpers, außer dem Haupte, durch die rötliche Eisenrostfarbe der kälteren und die dunklere Kupferfarbe heißerer Landstriche dieses Weltteils bestätigt. Denn das Rotbraune scheint (als eine Wirkung der Luftsäure) eben so dem kalten Klima, wie das Olivenbraun (als eine Wirkung des Laugenhaft-Gallichten der Säfte) dem heißen Himmelsstriche angemessen zu sein, ohne einmal das Naturell der Amerikaner in Anschlag zu bringen, welches eine halb erloschene Lebenskraft verrät,* die am natürlichsten für die Wirkung einer kalten Weltgegend angesehen werden kann.

Die größte feuchte Hitze des warmen Klima muß hingegen an einem Volke, das darin alt genug geworden, um seinem Boden völlig anzuarten, Wirkungen zeigen, die den vorigen gar sehr entgegengesetzt sind. Es wird gerade das Widerspiel der kalmuckischen Bildung erzeugt werden. Der Wuchs der schwammichten Teile des Körpers mußte in einem heißen und feuchten Klima zunehmen; daher eine dicke Stülpnase und Wurstlippen. Die Haut mußte geölt sein, nicht bloß um die zu starke Ausdünstung zu mäßigen, sondern die schädliche Einsaugung der fäulichten Feuchtigkeiten der Luft zu verhüten. Der Überfluß der Eisenteilchen, die sonst in jedem Menschenblute angetroffen werden, und hier durch die Ausdünstung des phosphorischen Sauren (wornach alle Neger stinken) in der netzförmigen Substanz gefället worden, verursacht die durch das Oberhäutchen durchscheinende Schwärze, und der starke Eisengehalt im Blute scheint auch nötig zu sein, um der Erschlaffung aller

---

*Um nur ein Beispiel anzuführen, so bedient man sich in Surinam der roten Sklaven (Amerikaner) nur allein zu häuslichen Arbeiten, weil sie zur Feldarbeit zu schwach sind, als wozu man Neger braucht. Gleichwohl fehlt es hier nicht an Zwangsmitteln; aber es gebricht den Eingebornen dieses Weltteils überhaupt an Vermögen und Dauerhaftigkeit.

Teile vorzubeugen. Das Öl der Haut, welches den zum Haareswuchs erforderlichen Nahrungsschleim schwächt, verstattete kaum die Erzeugung einer den Kopf bedeckenden Wolle. Übrigens ist feuchte Wärme dem starken Wuchs der Tiere überhaupt beförderlich, und kurz, es entspringt der Neger, der seinem Klima wohl angemessen, nämlich stark, fleischig, gelenk, aber unter der reichlichen Versorgung seines Mutterlandes faul, weichlich und tändelnd ist.

Der Eingeborne von Hindistan kann als aus einer der ältesten menschlichen Rassen entsprossen angesehen werden. Sein Land, welches nordwärts an ein hohes Gebürge gestützt und von Norden nach Süden bis zur Spitze seiner Halbinsel, von einer langen Bergreihe durchgezogen ist (wozu ich nordwärts noch Tibet, vielleicht den allgemeinen Zufluchtsort des menschlichen Geschlechts während, und dessen Pflanzenschule nach der letzten großen Revolution unsrer Erde, mitrechne), hat in einem glücklichen Himmelsstriche die vollkommenste Scheitelung der Wasser (Ablauf nach zwei Meeren), die sonst kein im glücklichen Himmelsstriche liegender Teil des festen Landes von Asien hat. Es konnte also in den ältesten Zeiten trocken und bewohnbar sein, da, sowohl die östliche Halbinsel Indiens, als China (weil in ihnen die Flüsse, an statt sich zu scheiteln, parallel laufen) in jenen Zeiten der Überschwemmungen noch unbewohnt sein mußten. Hier konnte sich also in langen Zeitläuften eine feste menschliche Rasse gründen. Das Olivengelb der Haut des Indianers, die wahre Zigeunerfarbe, welche dem mehr oder weniger dunkeln Braun anderer östlicheren Völker zum Grunde liegt, ist auch eben so charakteristisch und in der Nachartung beständig, als die schwarze Farbe der Neger, und scheint, zusamt der übrigen Bildung und dem verschiedenen Naturelle, eben so die Wirkung einer trockenen, wie die letztere der feuchten Hitze zu sein. Nach Herrn Ives sind die gemeinen Krankheiten der Indianer verstopfte Gallen und geschwollene Lebern; ihre angeborne Farbe aber ist gleichsam gelbsüchtig und scheint eine kontinuirliche Absonderung der ins Blut getretenen Galle zu beweisen, welche, als seifenartig, die verdickten Säfte vielleicht auflöset und verflüchtigt, und dadurch wenigstens in den äußern Teilen das Blut abkühlt. Eine hierauf oder auf etwas Ähnliches hinauslaufende Selbsthülfe der Natur, durch eine gewisse Organisation (deren Wirkung sich an der Haut zeigt) dasjenige kontinuierlich wegzuschaffen, was den

Blutumlauf reizt, mag wohl die Ursache der kalten Hände der Indianer sein,* und vielleicht (wiewohl man dieses noch nicht beobachtet hat) einer überhaupt verringerten Blutwärme, die sie fähig macht, die Hitze des Klima ohne Nachteil zu ertragen.

Da hat man nun Mutmaßungen, die wenigstens Grund genug haben, um andern Mutmaßungen die Waage zu halten, welche die Verschiedenheiten der Menschengattung so unvereinbar finden, daß sie deshalb lieber viele Lokalschöpfungen annehmen. Mit Voltairen sagen: Gott, der das Renntier in Lappland schuf, um das Moos dieser kalten Gegenden zu verzehren, der schuf auch daselbst den Lappländer, um dieses Renntier zu essen, ist kein übel Einfall für einen Dichter, aber ein schlechter Behelf für den Philosophen, der die Kette der Naturursachen nicht verlassen darf, als da, wo er sie augenscheinlich an das unmittelbare Verhängnis geknüpft sieht.

Man schreibt jetzt mit gutem Grunde die verschiedenen Farben der Gewächse dem durch unterschiedliche Säfte gefällten Eisen zu. Da alles Tierblut Eisen enthält, so hindert uns nichts, die verschiedene Farbe dieser Menschenrassen eben derselben Ursache beizumessen. Auf diese Art würde etwa das Salzsaure, oder das phosphorisch Saure, oder das flüchtig Laugenhafte der ausführenden Gefäße der Haut die Eisenteilchen im Reticulum rot, oder schwarz, oder gelb niederschlagen. In dem Geschlechte der Weißen würde aber dieses in den Säften aufgelösete Eisen gar nicht niedergeschlagen, und dadurch zugleich die vollkommene Mischung der Säfte und Stärke dieses Menschenschlags vor den übrigen bewiesen. Doch dieses ist nur eine flüchtige Anreizung zur Untersuchung in einem

---

*Ich hatte zwar sonst gelesen: daß diese Indianer die Besonderheit kalter Hände bei großer Hitze haben, und daß dieses eine Frucht ihrer Nüchternheit und Mäßigkeit sein solle. Allein als ich das Vergnügen hatte, den aufmerksamen und einsehenden Reisenden, Herrn Eaton, der einige Jahre als holländischer Konsul und Chef ihrer Etablissements zu Bassora etc. gestanden, bei seiner Durchreise durch Königsberg zu sprechen, so benachrichtigte er mich: daß, als er in Surat mit der Gemahlin eines europäischen Konsuls getanzt habe, er verwundert gewesen wäre, schwitzige und kalte Hände an ihr zu fühlen (die Gewohnheit der Handschuhe ist dort noch nicht angenommen), und, da er andern seine Befremdung geäußert, zur Antwort bekommen habe: sie habe eine Indianerin zur Mutter gehabt, und diese Eigenschaft sei an ihnen erblich. Ebenderselbe bezeugte auch, daß, wenn man die Kinder der Parsis mit denen der Indianer dort zusammen sähe, die Verschiedenheit der Rassen in der weißen Farbe der ersten, und der gelbbraunen der zweiten sogleich in die Augen falle. Ingleichen, daß die Indianer in ihrem Baue noch das Unterscheidende an sich hätten, daß ihre Schenkel über das bei uns gewöhnliche Verhältniß länger wären.

Felde, worin ich zu fremd bin, um mit einigem Zutraun auch nur Mutmaßungen zu wagen.

Wir haben vier menschliche Rassen gezählt, worunter alle Mannigfaltigkeiten dieser Gattung sollen begriffen sein. Alle Abartungen aber bedürfen doch einer Stammgattung, die wir entweder für schon erloschen ausgeben oder aus den vorhandenen diejenige aussuchen müssen, womit wir die Stammgattung am meisten vergleichen können. Freilich kann man nicht hoffen, jetzt, irgendwo in der Welt, die ursprüngliche menschliche Gestalt unverändert anzutreffen. Eben aus diesem Hange der Natur, dem Boden allerwärts in langen Zeugungen anzuarten, muß jetzt die Menschengestalt allenthalben mit Lokalmodifikation behaftet sein. Allein der Erdstrich vom 31sten bis zum 52sten Grade der Breite in der Alten Welt (welche auch in Ansehung der Bevölkerung den Namen der Alten Welt zu verdienen scheint) wird mit Recht für denjenigen gehalten, in welchem die glücklichste Mischung der Einflüsse der kältern und heißern Gegenden, und auch der größte Reichtum an Erdgeschöpfen angetroffen wird; wo auch der Mensch, weil er von da aus zu allen Verpflanzungen gleich gut zubereitet ist, am wenigsten von seiner Urbildung abgewichen sein müßte. Hier finden wir aber zwar weiße, doch brünette Einwohner, welche Gestalt wir also für die der Stammgattung nächste annehmen wollen. Von dieser scheint die hochblonde von zarter weißer Haut, rötlichem Haar, bleichblauen Augen die nächste nordliche Abartung zu sein, welche zur Zeit der Römer die nordlichen Gegenden von Deutschland und (andern Beweistümern nach) weiter hin nach Osten bis zum Altaischen Gebürge, allerwärts aber unermeßliche Wälder, in einem ziemlich kalten Erdstriche, bewohnte. Nun hat der Einfluß einer kalten und feuchten Luft, welche den Säften einen Hang zum Skorbut zuzieht, endlich einen gewissen Schlag Menschen hervorgebracht, der bis zur Beständigkeit einer Rasse würde gediehen sein, wenn in diesem Erdstriche nicht so häufig fremde Vermischungen den Fortgang der Abartung unterbrochen hätten. Wir können diese also zum wenigsten als eine Annäherung den wirklichen Rassen beizählen, und alsdann werden diese, in Verbindung mit den Naturursachen ihrer Entstehung, sich unter folgenden Abriß bringen lassen.

Gelegenheitsursachen der Gründung verschiedener Rassen

Was bei der Mannigfaltigkeit der Rassen auf der Erdfläche die größte Schwierigkeit macht, welchen Erklärungsgrund man auch annehmen mag, ist: daß ähnliche Land- und Himmelsstriche doch nicht dieselbe Rasse enthalten, daß Amerika in seinem heißesten Klima keine ostindische, noch viel weniger eine dem Lande angeborne Negergestalt zeigt, daß es in Arabien oder Persien kein einheimisches indisches Olivengelb gibt, ungeachtet diese Länder in Klima und Luftbeschaffenheit mit jenem Lande sehr übereinkommen, usw. Was die erstere dieser Schwierigkeiten betrifft, so läßt sie sich aus der Art der Bevölkerung dieses Himmelsstrichs faßlich genug beantworten. Denn wenn einmal, durch den langen Aufenthalt seines Stammvolks im N. O. von Asien oder des benachbarten Amerika, sich eine Rasse, wie die jetzige, gegründet hatte, so konnte diese durch keine fernere Einflüsse des Klima in eine andere Rasse verwandelt werden. Denn nur die Stammbildung kann in eine Rasse ausarten; diese aber, wo sie einmal Wurzel gefaßt, und die andern Keime erstickt hat, widersteht aller Umformung eben darum, weil der Charakter der Rasse einmal in der Zeugungskraft überwiegend geworden.

Was aber die Lokalität der Negerrasse betrifft, die nur Afrika[*] (in der größten Vollkommenheit Senegambia) eigen ist, ingleichen die der indischen, welche in dieses Land eingeschlossen ist (außer wo sie ostwärts halbschlächtig angeartet zu sein scheint): so glaube ich, daß die Ursache davon in einem inländischen Meere der alten Zeit gelegen habe, welches sowohl Hindistan, als Afrika, von andern sonst nahen Ländern abgesondert gehalten. Denn der Erdstrich, der von der Grenze Dauriens, über die Mungalei, Kleine Bucharei, Persien, Arabien, Nubien, die Sahara bis Capo Blanco in einem nur wenig unterbrochenen Zusammenhange fortgeht, sieht seinem größten Teile nach dem Boden eines alten Meeres ähnlich. Die Länder in

---

[*]In dem heißen südlichen Weltstriche gibt es auch einen kleinen Stamm von Negers, die sich bis zu den benachbarten Inseln ausgebreitet, von denen man, wegen der Vermengung mit Menschen von indischem Halbschlag, beinahe glauben sollte, daß sie nicht diesen Gegenden angeboren, sondern vor alters, bei einer Gemeinschaft, darin die Malaien mit Afrika gestanden, nach und nach herübergeführt worden.

diesem Striche sind das, was Buache Platteform nennt, nämlich hohe und mehrenteils waagerecht gestellte Ebenen, in denen die daselbst befindlichen Gebürge nirgend einen weitgestreckten Abhang haben, indem ihr Fuß unter horizontalliegendem Sande vergraben ist: daher die Flüsse, deren es daselbst wenig gibt, nur einen kurzen Lauf haben, und im Sande versiegen. Sie sind den Bassins alter Meere ähnlich, weil sie mit Höhen umgeben sind, in ihrem Inwendigen, im ganzen betrachtet, Wasserpaß halten, und daher einen Strom weder einnehmen, noch auslassen, überdem auch mit dem Sande, dem Niederschlag eines alten ruhigen Meers, größtenteils bedeckt sind. Hieraus wird es nun begreiflich: wie der indische Charakter in Persien und Arabien nicht habe Wurzel fassen können, die damals noch zum Bassin eines Meeres dienten, als Hindistan vermutlich lange bevölkert war; ingleichen, wie sich die Negerrasse sowohl, als die indische, unvermengt von nordischem Blute lange Zeit erhalten konnte, weil sie davon durch eben dieses Meer abgeschnitten war. Die Naturbeschreibung (Zustand der Natur in der jetzigen Zeit) ist lange nicht hinreichend, von der Mannigfaltigkeit der Abartungen Grund anzugeben. Man muß, so sehr man auch und zwar mit Recht der Frechheit der Meinungen feind ist, eine Geschichte der Natur wagen, welche eine abgesonderte Wissenschaft ist, die wohl nach und nach von Meinungen zu Einsichten fortrücken könnte.

IMMANUEL
KANT

–

BEOBACHTUNGEN ÜBER DAS GEFÜHL DES SCHÖNEN UND ERHABENEN

Vierter Abschnitt

VON DEN NATIONALCHARAKTERN, IN SO FERN SIE AUF DEM UNTERSCHIEDLICHEN GEFÜHLE DES ERHABENEN UND SCHÖNEN BERUHEN

VON DEN NATIONALCHARAKTERN,* IN SO FERN SIE AUF DEM UNTERSCHIEDLICHEN GEFÜHLE DES ERHABENEN UND SCHÖNEN BERUHEN

Unter den Völkerschaften unseres Weltteils sind meiner Meinung nach die Italiener und Franzosen diejenige, welche im Gefühl des Schönen, die Deutsche aber, Engländer und Spanier, die durch das Gefühl des Erhabenen sich unter allen übrigen am meisten ausnehmen. Holland kann für dasjenige Land gehalten werden, wo dieser feinere Geschmack ziemlich unmerklich wird. Das Schöne selbst ist entweder bezaubernd und rührend, oder lachend und reizend. Das erstere hat etwas von dem Erhabenen an sich, und das Gemüt in diesem Gefühl ist tiefsinnig und entzückt, in dem Gefühl der zweiten Art aber lächelnd und fröhlich. Den Italianern scheint die erstere, den Franzosen die zweite Art des schönen Gefühls vorzüglich angemessen zu sein. In dem Nationalcharakter, der den Ausdruck des Erhabenen an sich hat, ist dieses entweder das von der schreckhaftern Art, das sich ein wenig zum Abenteuerlichen neigt, oder es ist ein Gefühl für das Edle, oder für das Prächtige. Ich glaube Gründe zu haben, das Gefühl der ersteren Art dem Spanier, der zweiten dem Engländer, und der dritten dem Deutschen beilegen zu können. Das Gefühl fürs Prächtige ist seiner Natur nach nicht original, so wie die übrigen Arten des Geschmacks, und obgleich ein Nachahmungsgeist mit jedem andern Gefühl kann verbunden sein, so ist er doch dem für das Schimmernd-Erhabene mehr eigen, denn es ist dieses eigentlich ein gemischtes Gefühl, aus dem des Schönen und des Edlen, wo jedes für sich betrachtet kälter ist, und daher das Gemüt frei genug ist, bei der Verknüpfung desselben auf Beispiele

---

*Meine Absicht ist gar nicht, die Charaktere der Völkerschaften ausführlich zu schildern, sondern ich entwerfe nur einige Züge, die das Gefühl des Erhabenen und Schönen an ihnen ausdrücken. Man kann leicht erachten, daß an dergleichen Zeichnung nur eine leidliche Richtigkeit könne verlangt werden, daß die Urbilder davon nur in dem großen Haufen derjenigen, die auf ein feineres Gefühl Anspruch machen, hervorstechen, und daß es keiner Nation an Gemütsarten fehle, welche die vortrefflichste Eigenschaften von dieser Art vereinbaren. Um deswillen kann der Tadel, der gelegentlich auf ein Volk fallen möchte, keinen beleidigen, wie er denn von solcher Natur ist, daß ein jeglicher ihn wie einen Ball auf seinen Nachbar schlagen kann. Ob diese Nationalunterschiede zufällig seien und von den Zeitläufen und der Regierungsart abhängen, oder mit einer gewissen Notwendigkeit an das Klima gebunden seien, das untersuche ich hier nicht.

zu merken, und auch deren Antrieb vonnöten hat. Der Deutsche wird demnach weniger Gefühl in Ansehung des Schönen haben als der Franzose, und weniger von demjenigen, was auf das Erhabene geht, als der Engländer, aber in den Fällen, wo beides verbunden erscheinen soll, wird es seinem Gefühl mehr gemäß sein, wie er denn auch die Fehler glücklich vermeiden wird, in die eine ausschweifende Stärke einer jeden dieser Arten des Gefühls allein geraten könnte.

Ich berühre nur flüchtig die Künste und die Wissenschaften, deren Wahl den Geschmack der Nationen bestätigen kann, welchen wir ihnen beigemessen haben. Das italienische Genie hat sich vornehmlich in der Tonkunst, der Malerei, Bildhauerkunst und der Architektur hervorgetan. Alle diese schöne Künste finden einen gleich feinen Geschmack in Frankreich für sich, obgleich die Schönheit derselben hier weniger rührend ist. Der Geschmack in Ansehung der dichterischen oder rednerischen Vollkommenheit fällt in Frankreich mehr in das Schöne, in England mehr in das Erhabene. Die feine Scherze, das Lustspiel, die lachende Satire, das verliebte Tändeln und die leicht und natürlich fließende Schreibart sind dort original. In England dagegen Gedanken von tiefsinnigem Inhalt, das Trauerspiel, das epische Gedicht und überhaupt schweres Gold von Witze, welches unter französischem Hammer zu dünnen Blättchen von großer Oberfläche kann gedehnt werden. In Deutschland schimmert der Witz noch sehr durch die Folie. Ehedem war er schreiend, durch Beispiele aber und den Verstand der Nation ist er zwar reizender und edler geworden, aber jenes mit weniger Naivetät, dieses mit einem minder kühnen Schwunge, als in den erwähnten Völkerschaften. Der Geschmack der holländischen Nation an einer peinlichen Ordnung und einer Zierlichkeit, die in Bekümmernis und Verlegenheit setzt, läßt auch wenig Gefühl in Ansehung der ungekünstelten und freien Bewegungen des Genies vermuten, dessen Schönheit durch die ängstliche Verhütung der Fehler nur würde entstellt werden. Nichts kann allen Künsten und Wissenschaften mehr entgegen sein als ein abenteuerlicher Geschmack, weil dieser die Natur verdreht, welche das Urbild alles Schönen und Edlen ist. Daher hat die spanische Nation auch wenig Gefühl für die schönen Künste und Wissenschaften an sich gezeigt.

Die Gemütscharaktere der Völkerschaften sind am kenntlichsten bei demjenigen, was an ihnen moralisch ist; um deswillen wollen wir noch das verschiedene Gefühl derselben in Ansehung des Erhabenen und Schönen aus diesem Gesichtspunkte in Erwägung ziehen.*

Der Spanier ist ernsthaft, verschwiegen und wahrhaft. Es gibt wenig redlichere Kaufleute in der Welt als die spanischen. Er hat eine stolze Seele und mehr Gefühl für große als für schöne Handlungen. Da in seiner Mischung wenig von dem gütigen und sanften Wohlwollen anzutreffen ist, so ist er öfters hart und auch wohl grausam. Das Auto da Fe erhält sich nicht sowohl durch den Aberglauben, als durch die abenteuerliche Neigung der Nation, welche durch einen ehrwürdig-schrecklichen Aufzug gerührt wird, worin es den mit Teufelsgestalten bemalten San Benito den Flammen, die eine wütende Andacht entzündet hat, überliefern sieht. Man kann nicht sagen, der Spanier sei hochmütiger, oder verliebter als jemand aus einem andern Volke, allein er ist beides auf eine abenteuerliche Art, die seltsam und ungewöhnlich ist. Den Pflug stehen lassen und mit einem langen Degen und Mantel so lange auf dem Ackerfelde spazieren, bis der vorüber reisende Fremde vorbei ist, oder in einem Stiergefechte, wo die Schönen des Landes einmal unverschleiert gesehen werden, seine Beherrscherin durch einen besonderen Gruß ankündigen und dann ihr zu Ehren sich in einen gefährlichen Kampf mit einem wilden Tiere wagen, sind ungewöhnliche und seltsame Handlungen, die von dem Natürlichen weit abweichen.

Der Italiener scheint ein gemischtes Gefühl zu haben, von dem eines Spaniers und dem eines Franzosen; mehr Gefühl für das Schöne als der erstere und mehr für das Erhabene als der letztere. Auf diese Art können, wie ich meine, die übrige Züge seines moralischen Charakters erklärt werden.

Der Franzose hat ein herrschendes Gefühl für das moralisch Schöne. Er ist artig, höflich und gefällig. Er wird sehr geschwinde vertraulich, ist scherzhaft und frei im Umgange, und der Ausdruck ein Mann oder eine Dame von gutem Tone hat nur eine verständliche Bedeutung für den, der das artige Gefühl eines Franzosen erworben hat. Selbst seine erhabene Empfindungen, deren er nicht wenige hat, sind dem Gefühle des Schönen untergeordnet und bekommen nur ihre Stärke durch die Zusammenstimmung mit dem letzteren. Er ist

---

*Es ist kaum nötig, daß ich hier meine vorige Entschuldigung wiederhole. In jedem Volke enthält der feinste Teil rühmliche Charaktere von aller Art, und wen ein oder anderer Tadel treffen sollte, der wird, wenn er fein genug ist, seinen Vorteil verstehen, der darauf ankommt, daß er jeden andern seinem Schicksale überläßt, sich selbst aber ausnimmt.

sehr gerne witzig und wird einem Einfalle ohne Bedenken etwas von der Wahrheit aufopfern. Dagegen, wo man nicht witzig sein kann,[*] zeigt er eben so wohl gründliche Einsicht, als jemand aus irgend einem andern Volke, z. E. in der Mathematik und in den übrigen trockenen und tiefsinnigen Künsten und Wissenschaften. Ein Bon Mot hat bei ihm nicht den flüchtigen Wert als anderwärts, es wird begierig verbreitet und in Büchern aufbehalten, wie die wichtigste Begebenheit. Er ist ein ruhiger Bürger und rächt sich wegen der Bedrückungen der Generalpächter durch Satiren, oder durch Parlaments-Remonstrationen, welche, nachdem sie ihrer Absicht gemäß den Vätern des Volks ein schönes patriotisches Ansehen gegeben haben, nichts weiter tun, als daß sie durch eine rühmliche Verweisung gekrönt und in sinnreichen Lobgedichten besungen werden. Der Gegenstand, auf welchen sich die Verdienste und Nationalfähigkeiten dieses Volks am meisten beziehen, ist das Frauenzimmer.[**] Nicht, als wenn es hier mehr als anderwärts geliebt oder geschätzt würde, sondern weil es die beste Veranlassung gibt, die beliebteste Talente des Witzes, der Artigkeit und der guten Manieren in ihrem Lichte zu zeigen; übrigens liebt eine eitele Person eines jeden Geschlechts jederzeit nur sich selbst; die andere ist bloß ihr Spielwerk. Da es den Franzosen an edlen Eigenschaften gar nicht gebricht, nur daß diese durch die Empfindung des Schönen allein können belebt werden, so würde das schöne Geschlecht hier einen mächtigern Einfluß haben können, die edelste Handlungen des männlichen zu erwecken und rege zu machen, als irgend sonst in der Welt, wenn man bedacht wäre, diese Richtung des Nationalgeistes ein wenig zu begünstigen. Es ist schade, daß die Lilien nicht spinnen.

Der Fehler, woran dieser Nationalcharakter am nächsten grenzt, ist das Läppische, oder mit einem höflicheren Ausdrucke das Leicht-

---

[*]In der Metaphysik, der Moral und den Lehren der Religion kann man bei den Schriften dieser Nation nicht behutsam genug sein. Es herrscht darin gemeiniglich viel schönes Blendwerk, welches in einer kalten Untersuchung die Probe nicht hält. Der Franzose liebt das Kühne in seinen Aussprüchen; allein um zur Wahrheit zu gelangen, muß man nicht kühn, sondern behutsam sein. In der Geschichte hat er gerne Anekdoten, denen nichts weiter fehlt, als daß zu wünschen ist, daß sie nur wahr wären.

[**]Das Frauenzimmer gibt in Frankreich allen Gesellschaften und allem Umgange den Ton. Nun ist wohl nicht zu leugnen, daß die Gesellschaften ohne das schöne Geschlecht ziemlich schmacklos und langweilig sind; allein wenn die Dame darin den schönen Ton angibt, so sollte der Mann seinerseits den edlen angeben. Widrigenfalls wird der Umgang

sinnige. Wichtige Dinge werden als Spaße behandelt, und Kleinigkeiten dienen zur ernsthaftesten Beschäftigung. Im Alter singt der Franzose alsdann noch lustige Lieder und ist, so viel er kann, auch galant gegen das Frauenzimmer. Bei diesen Anmerkungen habe ich große Gewährsmänner aus eben derselben Völkerschaft auf meiner Seite, und ziehe mich hinter einen Montesquieu und d'Alembert, um wider jeden besorglichen Unwillen sicher zu sein.

Der Engländer ist im Anfange einer jeden Bekanntschaft kaltsinnig und gegen einen Fremden gleichgültig. Er hat wenig Neigung zu kleinen Gefälligkeiten; dagegen wird er, so bald er ein Freund ist, zu großen Dienstleistungen auferlegt. Er bemüht sich wenig im Umgange witzig zu sein, oder einen artigen Anstand zu zeigen, dagegen ist er verständig und gesetzt. Er ist ein schlechter Nachahmer, frägt nicht viel darnach, was andere urteilen und folgt lediglich seinem eigenen Geschmacke. Er ist in Verhältnis auf das Frauenzimmer nicht von französischer Artigkeit, aber bezeigt gegen dasselbe weit mehr Achtung und treibt diese vielleicht zu weit, indem er im Ehestande seiner Frauen gemeiniglich ein unumschränktes Ansehen einräumt. Er ist standhaft, bisweilen bis zur Hartnäckigkeit, kühn und entschlossen, oft bis zur Vermessenheit und handelt nach Grundsätzen gemeiniglich bis zum Eigensinne. Er wird leichtlich ein Sonderling, nicht aus Eitelkeit, sondern weil er sich wenig um andere bekümmert, und seinem Geschmacke aus Gefälligkeit oder Nachahmung nicht leichtlich Gewalt tut; um deswillen wird er selten so sehr geliebt als der Franzose, aber, wenn er gekannt ist, gemeiniglich mehr hochgeachtet.

Der Deutsche hat ein gemischtes Gefühl aus dem eines Engländers und dem eines Franzosen, scheint aber dem ersteren am

---

eben so wohl langweilig, aber aus einem entgegengesetzten Grunde: weil nichts so sehr verekelt als lauter Süßigkeit. Nach dem französischen Geschmacke heißt es nicht: Ist der Herr zu Hause, sondern: ist Madame zu Hause? Madame ist vor der Toilette, Madame hat Vapeurs (eine Art schöner Grillen); kurz, mit Madame und von Madame beschäftigen sich alle Unterredungen und alle Lustbarkeiten. Indessen ist das Frauenzimmer dadurch gar nicht mehr geehrt. Ein Mensch, welcher tändelt, ist jederzeit ohne Gefühl, sowohl der wahren Achtung als auch der zärtlichen Liebe. Ich möchte wohl, um wer weiß wie viel, dasjenige nicht gesagt haben, was Rousseau so verwegen behauptet: daß ein Frauenzimmer niemals etwas mehr als ein großes Kind werde. Allein der scharfsichtige Schweizer schrieb dieses in Frankreich, und vermutlich empfand er es, als ein so großer Verteidiger des schönen Geschlechts, mit Entrüstung, daß man demselben nicht mit mehr wirklicher Achtung daselbst begegnet.

nächsten zu kommen, und die größere Ähnlichkeit mit dem letzteren ist nur gekünstelt und nachgeahmt. Er hat eine glückliche Mischung in dem Gefühle sowohl des Erhabenen und des Schönen; und wenn er in dem ersteren es nicht einem Engländer, im zweiten aber dem Franzosen nicht gleich tut, so übertrifft er sie beide, in so fern er sie verbindet. Er zeigt mehr Gefälligkeit im Umgange als der erstere, und, wenn er gleich nicht so viel angenehme Lebhaftigkeit und Witz in die Gesellschaft bringt, als der Franzose, so äußert er doch darin mehr Bescheidenheit und Verstand. Er ist, so wie in aller Art des Geschmacks, also auch in der Liebe ziemlich methodisch, und indem er das Schöne mit dem Edlen verbindet, so ist er in der Empfindung beider kalt genug, um seinen Kopf mit den Überlegungen des Anstandes, der Pracht und des Aufsehens zu beschäftigen. Daher sind Familie, Titel und Rang bei ihm sowohl im bürgerlichen Verhältnisse als in der Liebe Sachen von großer Bedeutung. Er fragt weit mehr als die vorige darnach: was die Leute von ihm urteilen möchten, und wo etwas in seinem Charakter ist, das den Wunsch einer Hauptverbesserung rege machen könnte, so ist es diese Schwachheit, nach welcher er sich nicht erkühnt, Original zu sein, ob er gleich dazu alle Talente hat, und daß er sich zu viel mit der Meinung anderer einläßt, welches den sittlichen Eigenschaften alle Haltung nimmt, indem es sie wetterwendisch und falsch gekünstelt macht.

Der Holländer ist von einer ordentlichen und emsigen Gemütsart, und, indem er lediglich auf das Nützliche sieht, so hat er wenig Gefühl für dasjenige, was im feineren Verstande schön oder erhaben ist. Ein großer Mann bedeutet bei ihm eben so viel als ein reicher Mann, unter dem Freunde versteht er seinen Korrespondenten, und ein Besuch ist ihm sehr langweilig, der ihm nichts einbringt. Er macht den Kontrast sowohl gegen den Franzosen als den Engländer, und ist gewissermaßen ein sehr phlegmatisierter Deutscher.

Wenn wir den Versuch dieser Gedanken in irgend einem Falle anwenden, um z. E. das Gefühl der Ehre zu erwägen, so zeigen sich folgende Nationalunterschiede. Die Empfindung für die Ehre ist am Franzosen Eitelkeit, an dem Spanier Hochmut, an dem Engländer Stolz, an dem Deutschen Hoffart und an dem Holländer Aufgeblasenheit. Diese Ausdrücke scheinen beim ersten Anblicke einerlei zu bedeuten, allein sie bemerken nach dem Reichtum unserer deutschen Sprache sehr kenntliche Unterschiede. Die Eitelkeit buhlt um Beifall, ist flatterhaft und veränderlich, ihr äußeres Betragen aber ist höflich. Der Hochmütige ist voll von fälschlich eingebildeten großen Vorzügen und bewirbt sich nicht viel um den Beifall anderer, seine Aufführung ist steif und hochtrabend. Der Stolz ist eigentlich nur ein größeres Bewußtsein seines eigenen Wertes, der öfters sehr richtig sein kann (um deswillen er auch bisweilen ein edler Stolz heißt; niemals aber kann ich jemanden einen edlen Hochmut beilegen, weil dieser jederzeit eine unrichtige und übertriebene Selbstschätzung anzeigt), das Betragen des Stolzen gegen andere ist gleichgültig und kaltsinnig. Der Hoffärtige ist ein Stolzer, der zugleich eitel ist.* Der Beifall aber, den er bei andern sucht, besteht in Ehrenbezeugungen. Daher schimmert er gerne durch Titel, Ahnenregister und Gepränge. Der Deutsche ist vornehmlich von dieser Schwachheit angesteckt. Die Wörter: Gnädig, Hochgeneigt, Hoch- und Wohlgeb. und dergleichen Bombast mehr, machen seine Sprache steif und ungewandt, und verhindern gar sehr die schöne Einfalt, welche andere Völker ihrer Schreibart geben können. Das Betragen eines Hoffärtigen in dem Umgange ist Zeremonie. Der Aufgeblasene ist ein Hochmütiger, welcher deutliche Merkmale der Verachtung anderer in seinem Betragen äußert. In der Aufführung ist er grob. Diese elende Eigenschaft entfernt sich am weitesten vom feineren Geschmacke, weil sie offenbar dumm ist; denn das ist gewiß nicht das Mittel, dem Gefühl für Ehre ein Gnüge zu leisten, daß man durch offenbare Verachtung alles um sich zum Hasse und zur beißenden Spötterei auffordert.

In der Liebe haben der Deutsche und der Engländer einen ziemlich guten Magen, etwas fein von Empfindung, mehr aber von gesundem und derbem Geschmacke. Der Italiener ist in diesem Punkte grüblerisch, der Spanier phantastisch, der Franzose vernascht.

Die Religion unseres Weltteils ist nicht die Sache eines eigenwilligen Geschmacks, sondern von ehrwürdigerem Ursprunge. Daher können auch nur die Ausschweifungen in derselben, und

---

*Es ist nicht nötig, daß ein Hoffärtiger zugleich hochmütig sei, d. i. sich eine übertriebene falsche Einbildung von seinen Vorzügen mache, sondern er kann vielleicht sich nicht höher schätzen, als er wert ist, er hat aber nur einen falschen Geschmack, diesen seinen Wert äußerlich geltend zu machen.

das was darin den Menschen eigentümlich angehört, Zeichen von den verschiedenen Nationaleigenschaften abgeben. Ich bringe diese Ausschweifungen unter folgende Hauptbegriffe: Leichtgläubigkeit (Kredulität), Aberglaube (Superstition), Schwärmerei (Fanatizism) und Gleichgültigkeit (Indifferentism). Leichtgläubig ist mehrenteils der unwissende Teil einer jeden Nation, ob er gleich kein merkliches feineres Gefühl hat. Die Überredung kommt lediglich auf das Hörensagen und das scheinbare Ansehen an, ohne daß einige Art des feinern Gefühls dazu die Triebfeder enthielte. Die Beispiele ganzer Völker von dieser Art muß man in Norden suchen. Der Leichtgläubige, wenn er von abenteuerlichem Geschmack ist, wird abergläubisch. Dieser Geschmack ist sogar an sich selbst ein Grund, etwas leichter zu glauben,* und von zwei Menschen, deren der eine von diesem Gefühl angesteckt, der andere aber von kalter und gemäßigter Gemütsart ist, wird der erstere, wenn er gleich wirklich mehr Verstand hat, dennoch durch seine herrschende Neigung eher verleitet werden, etwas Unnatürliches zu glauben, als der andere, welchen nicht seine Einsicht, sondern sein gemeines und phlegmatisches Gefühl vor dieser Ausschweifung bewahrt. Der Abergläubische in der Religion stellt zwischen sich und dem höchsten Gegenstande der Verehrung gerne gewisse mächtige und erstaunliche Menschen, Riesen so zu reden der Heiligkeit, denen die Natur gehorcht und deren beschwörende Stimme die eiserne Tore des Tartarus auf- oder zuschließt, die, indem sie mit ihrem Haupte den Himmel berühren, ihren Fuß noch auf der niederen Erde stehen haben. Die Unterweisung der gesunden Vernunft wird demnach in Spanien große Hindernisse zu überwinden haben, nicht darum weil sie die Unwissenheit daselbst zu vertreiben hat, sondern weil ein seltsamer Geschmack ihr entgegensteht, welchem das Natürliche gemein ist, und der niemals glaubt, in einer erhabenen Empfindung zu sein, wenn sein Gegenstand nicht abenteuerlich ist. Die Schwärmerei ist so zu sagen eine andächtige Vermessenheit und wird durch

---

*Man hat sonst bemerkt, daß die Engländer, als ein so kluges Volk, gleichwohl leichtlich durch eine dreiste Ankündigung einer wunderlichen und ungereimten Sache können berückt werden, sie anfänglich zu glauben; wovon man viele Beispiele hat. Allein eine kühne Gemütsart, vorbereitet durch verschiedene Erfahrungen, in welchen manche seltsame Dinge gleichwohl wahr befunden worden, bricht geschwinde durch die kleine Bedenklichkeiten, von denen ein schwacher und mißtrauischer Kopf bald aufgehalten wird, und so

einen gewissen Stolz und ein gar zu großes Zutrauen zu sich selbst veranlaßt, um den himmlischen Naturen näher zu treten und sich durch einen erstaunlichen Flug über die gewöhnliche und vorgeschriebene Ordnung zu erheben. Der Schwärmer redet nur von unmittelbarer Eingebung und vom beschaulichen Leben, indessen daß der Abergläubische vor den Bildern großer wundertätiger Heiligen Gelübde tut und sein Zutrauen auf die eingebildete und unnachahmliche Vorzüge anderer Personen von seiner eigenen Natur setzt. Selbst die Ausschweifungen führen, wie wir oben bemerkt haben, Zeichen des Nationalgefühls bei sich und so ist der Fanatizismus,* wenigstens in den vorigen Zeiten, am meisten in Deutschland und England anzutreffen gewesen, und ist gleichsam ein unnatürlicher Auswuchs des edlen Gefühls, welches zu dem Charakter dieser Völker gehört, und überhaupt bei weitem nicht so schädlich, als die abergläubische Neigung, wenn sie gleich im Anfange ungestüm ist, weil die Erhitzung eines schwärmerischen Geistes allmählich verkühlt und seiner Natur nach endlich zur ordentlichen Mäßigung gelangen muß, anstatt daß der Aberglaube sich in einer ruhigen und leidenden Gemütsbeschaffenheit unvermerkt tiefer einwurzelt, und dem gefesselten Menschen das Zutrauen gänzlich benimmt, sich von einem schädlichen Wahne jemals zu befreien. Endlich ist ein Eitler und Leichtsinniger jederzeit ohne stärkeres Gefühl für das Erhabene, und seine Religion ist ohne Rührung, mehrenteils nur eine Sache der Mode, welche er mit aller Artigkeit begeht und kalt bleibt. Dieses ist der praktische Indifferentismus, zu welchem der französische Nationalgeist am meisten geneigt zu sein scheint, wovon bis zur frevelhaften Spötterei nur ein Schritt ist und der im Grunde, wenn auf den inneren Wert gesehen wird, von einer gänzlichen Absagung wenig voraus hat.

Gehen wir mit einem flüchtigen Blicke noch die andere Weltteile durch, so treffen wir den Araber als den edelsten Menschen im Oriente an, doch von einem Gefühl, welches sehr in das Abenteuerliche aus-

---

ohne sein Verdienst bisweilen vor dem Irrtum verwahrt wird.

*Der Fanatzismus muß vom Enthusiasmus jederzeit unterschieden werden. Jener glaubt eine unmittelbare und außerordentliche Gemeinschaft mit einer höheren Natur zu fühlen, dieser bedeutet den Zustand des Gemüts, da dasselbe durch irgend einen Grundsatz über den geziemenden Grad erhitzt worden, es sei nun durch die Maxime der patriotischen Tugend, oder der Freundschaft, oder der Religion, ohne daß hiebei die Einbildung einer übernatürlichen Gemeinschaft etwas zu schaffen hat.

artet. Er ist gastfrei, großmütig und wahrhaft; allein seine Erzählung und Geschichte und überhaupt seine Empfindung ist jederzeit mit etwas Wunderbarem durchflochten. Seine erhitzte Einbildungskraft stellt ihm die Sachen in unnatürlichen und verzogenen Bildern dar, und selbst die Ausbreitung seiner Religion war ein großes Abenteuer. Wenn die Araber gleichsam die Spanier des Orients sind, so sind die Perser die Franzosen von Asien. Sie sind gute Dichter, höflich und von ziemlich feinem Geschmacke. Sie sind nicht so strenge Befolger des Islam und erlauben ihrer zur Lustigkeit aufgelegten Gemütsart eine ziemlich milde Auslegung des Koran. Die Japoneser könnten gleichsam als die Engländer dieses Weltteils angesehen werden, aber kaum in einer andern Eigenschaft, als ihrer Standhaftigkeit, die bis zur äußersten Halsstarrigkeit ausartet, ihrer Tapferkeit und Verachtung des Todes. Übrigens zeigen sie wenig Merkmale eines feineren Gefühls an sich. Die Indianer haben einen herrschenden Geschmack von Fratzen, von derjenigen Art, die ins Abenteuerliche einschlägt. Ihre Religion besteht aus Fratzen. Götzenbilder von ungeheurer Gestalt, der unschätzbare Zahn des mächtigen Affen Hanuman, die unnatürliche Büßungen der Fakirs (heidnischer Bettelmönche) u. s. w. sind in diesem Geschmacke. Die willkürliche Aufopferung der Weiber, in eben demselben Scheiterhaufen der die Leiche ihres Mannes verzehrt, ist ein scheußliches Abenteuer. Welche läppische Fratzen enthalten nicht die weitschichtige und ausstudierte Komplimente der Chinesen; selbst ihre Gemälde sind fratzenhaft und stellen wunderliche und unnatürliche Gestalten vor, dergleichen nirgend in der Welt anzutreffen sind. Sie haben auch ehrwürdige Fratzen, darum weil sie von uraltem Gebrauch sind,* und keine Völkerschaft in der Welt hat deren mehr als diese.

Die Negers von Afrika haben von der Natur kein Gefühl, welches über das Läppische stiege. Herr Hume fordert jedermann auf, ein einziges Beispiel anzuführen, da ein Neger Talente gewiesen habe, und behauptet: daß unter den Hunderttausenden von Schwarzen, die aus ihren Ländern anderwärts verführt werden, obgleich deren sehr viele auch in Freiheit gesetzt werden, dennoch nicht ein ein-

---

*Man begeht noch in Peking die Zeremonie, bei einer Sonnen- oder Mondfinsternis durch großes Geräusch den Drachen zu verjagen, der diese Himmelskörper verschlingen will, und behält einen elenden Gebrauch aus den ältesten Zeiten der Unwissenheit bei, ob man gleich jetzt besser belehrt ist.

ziger jemals gefunden worden, der entweder in Kunst oder Wissenschaft, oder irgend einer andern rühmlichen Eigenschaft etwas Großes vorgestellt habe, obgleich unter den Weißen sich beständig welche aus dem niedrigsten Pöbel empor schwingen, und durch vorzügliche Gaben in der Welt ein Ansehen erwerben. So wesentlich ist der Unterschied zwischen diesen zwei Menschengeschlechtern, und er scheint eben so groß in Ansehung der Gemütsfähigkeiten, als der Farbe nach zu sein. Die unter ihnen weit ausgebreitete Religion der Fetische ist vielleicht eine Art von Götzendienst, welcher so tief ins Läppische sinkt, als es nur immer von der menschlichen Natur möglich zu sein scheint. Eine Vogelfeder, ein Kuhhorn, eine Muschel, oder jede andere gemeine Sache, so bald sie durch einige Worte eingeweiht worden, ist ein Gegenstand der Verehrung und der Anrufung in Eidschwüren. Die Schwarzen sind sehr eitel, aber auf Negerart, und so plauderhaft, daß sie mit Prügeln müssen aus einander gejagt werden.

Unter allen Wilden ist keine Völkerschaft, welche einen so erhabenen Gemütscharakter an sich zeigte, als die von Nordamerika. Sie haben ein starkes Gefühl für Ehre, und, indem sie, um sie zu erjagen, wilde Abenteuer hunderte von Meilen weit aufsuchen, so sind sie noch äußerst aufmerksam, den mindesten Abbruch derselben zu verhüten, wenn ihr eben so harter Feind, nachdem er sie ergriffen hat, durch grausame Qualen feige Seufzer von ihnen zu erzwingen sucht. Der kanadische Wilde ist übrigens wahrhaft und redlich. Die Freundschaft, die er errichtet, ist eben so abenteuerlich und enthusiastisch, als was jemals aus den ältesten und fabelhaften Zeiten davon gemeldet worden. Er ist äußerst stolz, empfindet den ganzen Wert der Freiheit und erduldet selbst in der Erziehung keine Begegnung, welche ihm eine niedrige Unterwerfung empfinden ließe. Lykurgus hat wahrscheinlicher Weise eben dergleichen Wilden Gesetze gegeben, und wenn ein Gesetzgeber unter den sechs Nationen aufstände, so würde man eine spartanische Republik sich in der neuen Welt erheben sehen; wie denn die Unternehmung der Argonauten von den Kriegeszügen dieser Indianer wenig unterschieden ist, und Jason vor dem Attakakullakulla nichts als die Ehre eines griechischen Namens voraus hat. Alle diese Wilde haben wenig Gefühl für das Schöne im moralischen Verstande, und die großmütige Vergebung einer Beleidigung, die zugleich edel und schön ist, ist als Tugend unter den Wilden völlig unbekannt, sondern wird wie eine elende Feigheit verachtet. Tapferkeit ist das größte Verdienst des Wilden, und Rache seine süßeste Wollust. Die übrigen Eingeborne dieses Weltteils zeigen wenig Spuren eines Gemütscharakters, welcher zu feineren Empfindungen aufgelegt wäre, und eine außerordentliche Fühllosigkeit macht das Merkmal dieser Menschengattungen aus.

Betrachten wir das Geschlechter-Verhältnis in diesen Weltteilen, so finden wir, daß der Europäer einzig und allein das Geheimnis gefunden hat, den sinnlichen Reiz einer mächtigen Neigung mit so viel Blumen zu schmücken und mit so viel Moralischem zu durchflechten, daß er die Annehmlichkeiten desselben nicht allein überaus erhöht, sondern auch sehr anständig gemacht hat. Der Bewohner des Orients ist in diesem Punkte von sehr falschem Geschmakke. Indem er keinen Begriff hat von dem sittlich Schönen, das mit diesem Triebe kann verbunden werden, so büßt er auch sogar den Wert des sinnlichen Vergnügens ein, und sein Haram ist ihm eine beständige Quelle von Unruhe. Er gerät auf allerlei verliebte Fratzen, worunter das eingebildete Kleinod eins der vornehmsten ist, dessen er sich vor allem zu versichern sucht, dessen ganzer Wert nur darin besteht, daß man es zerbricht, und von welchem man überhaupt in unserem Weltteil viel hämischen Zweifel hegt, und zu dessen Erhaltung er sich sehr unbilliger und öfters ekelhafter Mittel bedient. Daher ist die Frauensperson daselbst jederzeit im Gefängnisse, sie mag nun ein Mädchen sein, oder einen barbarischen, untüchtigen und jederzeit argwöhnischen Mann haben. In den Ländern der Schwarzen was kann man da Besseres erwarten, als was durchgängig daselbst angetroffen wird, nämlich das weibliche Geschlecht in der tiefsten Sklaverei? Ein Verzagter ist allemal ein strenger Herr über den Schwächeren, so wie auch bei uns derjenige Mann jederzeit ein Tyrann in der Küche ist, welcher außer seinem Hause sich kaum erkühnt, jemanden unter die Augen zu treten. Der Pater Labat meldet zwar, daß ein Negerzimmermann, dem er das hochmütige Verfahren gegen seine Weiber vorgeworfen, geantwortet habe: Ihr Weiße seid rechte Narren, denn zuerst räumet ihr euren Weibern so viel ein, und hernach klagt ihr, wenn sie euch den Kopf toll machen; es ist auch, als wenn hierin so etwas wäre, was vielleicht verdiente, in Überlegung gezogen zu werden, allein kurzum, dieser Kerl war vom Kopf bis auf die Füße ganz schwarz, ein deutlicher Beweis, daß das, was er sagte, dumm war. Unter allen Wilden sind keine, bei denen das weibliche Geschlecht in größerem wirklichen Ansehen stände, als die von Kanada. Vielleicht übertreffen sie darin sogar unseren gesitteten Weltteil. Nicht, als wenn man den Frauen daselbst demütige Aufwartungen machte; das sind nur Komplimente. Nein sie haben wirklich zu befehlen. Sie versammlen sich und beratschlagen über wichtige Anordnungen der Nation, über Krieg und Frieden. Sie schicken darauf ihre Abgeordnete an den männlichen Rat und gemeiniglich ist ihre Stimme diejenige, welche entscheidet. Aber sie erkaufen diesen Vorzug teuer genug. Sie haben alle häusliche Angelegenheiten auf dem Halse, und nehmen an allen Beschwerlichkeiten der Männer mit Anteil.

Wenn wir zuletzt noch einige Blicke auf die Geschichte werfen, so sehen wir den Geschmack der Menschen wie einen Proteus stets wandelbare Gestalten annehmen. Die alten Zeiten der Griechen und Römer zeigten deutliche Merkmale eines ächten Gefühls für das Schöne sowohl als das Erhabene in der Dichtkunst, der Bildhauerkunst, der Architektur, der Gesetzgebung, und selbst in den Sitten. Die Regierung der römischen Kaiser veränderte die edle sowohl als die schöne Einfalt in das Prächtige und dann in den falschen Schimmer, wovon uns noch die Überbleibsel ihrer Beredsamkeit, Dichtkunst und selbst die Geschichte ihrer Sitten belehren können. Allmählich erlosch auch dieser Rest des feinern Geschmacks mit dem gänzlichen Verfall des Staats. Die Barbaren, nachdem sie ihrerseits ihre Macht befestigten, führten einen gewissen verkehrten Geschmack ein, den man den gotischen nennt, und der auf Fratzen auslief. Man sah nicht allein Fratzen in der Baukunst, sondern auch in den Wissenschaften und den übrigen Gebräuchen. Das verunartete Gefühl, da es einmal durch falsche Kunst geführt ward, nahm eher eine jede andere natürliche Gestalt, als die alte Einfalt der Natur an, und war entweder beim Übertriebenen, oder beim Läppischen. Der höchste Schwung, den das menschliche Genie nahm, um zu dem Erhabenen aufzusteigen, bestand in Abenteuern. Man sah geistliche und weltliche Abenteurer und oftmals eine widrige und ungeheure Bastardart von beiden. Mönche, mit dem Meßbuch in einer und der Kriegsfahne in der andern Hand, denen ganze Heere betrogener Schlachtopfer folgten, um in andere Himmelsgegenden und in einem heiligeren Boden ihre Gebeine verscharren zu lassen, eingeweihte Krieger, durch feierliche Gelübde zur Gewalttätigkeit und Missetaten geheiligt, in der Folge eine seltsame Art von heroischen Phantasten, welche sich Ritter nannten und Abenteuer aussuchten, Turniere, Zweikämpfe und romanische Handlungen. Während dieser Zeit ward die Religion zusammt den Wissenschaften und Sitten durch elende Fratzen entstellt, und man bemerkt, daß der Geschmack nicht leichtlich auf einer Seite ausartet, ohne auch in allem übrigen, was zum feineren Gefühl gehört, deutliche Zeichen seiner Verderbnis darzulegen. Die Klostergelübde machten aus einem großen Teil nutzbarer Menschen zahlreiche Gesellschaften emsiger Müßiggänger, deren grüblerische Lebensart sie geschickt machte, tausend Schulfratzen auszuhecken, welche von da in größere Welt ausgingen und ihre Art verbreiteten. Endlich, nachdem das menschliche Genie von einer fast gänzlichen Zerstörung sich durch eine Art von Palingenesie glücklich wiederum erhoben hat, so sehen wir in unsern Tagen den richtigen Geschmack des Schönen und Edlen sowohl in den Künsten und Wissenschaften als in Ansehung des Sittlichen aufblühen, und es ist nichts mehr zu wünschen, als daß der falsche Schimmer, der so leichtlich täuscht, uns nicht unvermerkt von der edlen Einfalt entferne, vornehmlich aber, daß das noch unentdeckte Geheimnis der Erziehung dem alten Wahne entrissen werde, um das sittliche Gefühl frühzeitig in dem Busen eines jeden jungen Weltbürgers zu einer tätigen Empfindung zu erhöhen, damit nicht alle Feinigkeit bloß auf das flüchtige und müßige Vergnügen hinauslaufe, dasjenige, was außer uns vorgeht, mit mehr oder weniger Geschmacke zu beurteilen.

IMMANUEL
KANT

–

DIE PHYSISCHE GEOGRAPHIE

Zweiter Teil

BESONDERE BEOBACHTUNG DESSEN, WAS DER ERDBODEN IN SICH FASST.

–

Erster Abschnitt

VOM MENSCHEN

§ 1

Der Unterschied der Bildung und Farbe der Menschen in den verschiedenen Erdstrichen

Wenn wir von den Bewohnern der Eiszone anfangen, so finden wir, daß ihre Farbe derjenigen, die den Bewohnern der heißen Zone eigentümlich ist, nahe kommt. Die Samojeden, die Dänischen und Schwedischen Lappen, die Grönländer, und die in der Eiszone von Amerika wohnen, haben eine braune Gesichtsfarbe und schwarzes Haar. Eine große Kälte scheint hier eben dasselbe zu wirken, was eine große Hitze tut. Sie haben auch, wie die im heißen Erdstriche, einen sehr dünnen Bart. Ihr Körper ist im Wachstume dem der Bäume ähnlich. Er ist klein, ihre Beine sind kurz, sie haben ein breites und plattes Gesicht und einen großen Mund.

Die in der temperierten Zone ihnen am nächsten wohnen (die Kalmücken und die mit ihrem Stamme verwandten Völker ausgenommen) sind von blonder oder bräunlicher Haar- und Hautfarbe und sind größer von Statur. In der Parallele, die, durch Deutschland gezogen, um den ganzen Erdkreis läuft, und einige Grade diesseits und jenseits, sind vielleicht die größten und schönsten Leute des festen Landes. Im nördlichen Teile der Mongolei, in Kaschmir, Georgien, Mingrelien, Cirkassien, bis an die Amerikanisch-Englischen Kolonien, findet man Leute von blonder Farbe und wohlgebildet, mit blauen Augen. Je weiter nach Süden, desto mehr nimmt die brünette Farbe, die Magerkeit und kleine Statur zu, bis sie im heißen Erdstriche in die Indisch-gelbe, oder Mohrische Gestalt ausartet.

Man kann sagen, daß es nur in Afrika und Neuguinea wahre Neger gibt. Nicht allein die gleichsam geräucherte schwarze Farbe, sondern auch die schwarzen wollichten Haare, das breite Gesicht, die platte Nase, die aufgeworfenen Lippen machen das Merkmal derselben aus, imgleichen plumpe und große Knochen. In Asien haben diese Schwarzen weder die hohe Schwärze, noch wollichtes Haar, es sei denn, daß sie von solchen abstammen, die aus Afrika herübergebracht worden. In Amerika ist kein Nationalschwarzer, die Gesichtsfarbe ist kupferfarbig, das Haar ist glatt; es sind aber große Geschlechter, die von Afrikanischen Mohrensklaven abstammen.

In Afrika nennt man Mohren solche Braune, die von den Mauren abstammen. Die eigentlich Schwarzen aber sind Neger. Diese erwähnten Mohren erstrecken sich längst der Berberischen Küste bis zum Senegal. Dagegen sind von da aus bis zum Gambia die schwärzesten Mohren, aber auch die schönsten von der Welt, vornehmlich die Jolofs. Die Fulier sind schwarzbraun. An der Goldküste sind sie nicht so schwarz und haben sehr dicke Wurstlippen. Die von Kongo und Angola bis Cap Negro sind es etwas weniger. Die Hottentotten sind nur schwarzbraun, doch haben sie sonst eine ziemlich Mohrische Gestalt. Auf der anderen Seite, nämlich der östlichen, sind die Kaffern keine wahren Neger. Imgleichen die Abessinier.

§ 2

Einige Merkwürdigkeiten von der schwarzen Farbe der Menschen

1. Die Neger werden weiß geboren, außer ihren Zeugungsgliedern und einem Ringe um den Nabel, die schwarz sind. Von diesen Teilen aus zieht sich die Schwärze im ersten Monate über den ganzen Körper.

2. Wenn ein Neger sich verbrennt, so wird die Stelle weiß. Auch lange anhaltende Krankheiten machen die Neger ziemlich weiß; aber ein solcher, durch Krankheit weiß gewordener Körper wird nach dem Tode noch viel schwärzer, als er ehedeß war.

3. Die Europäer, die in dem heißen Erdgürtel wohnen, werden nach vielen Generationen nicht Neger, sondern behalten ihre Europäische Gestalt und Farbe. Die Portugiesen am Capo Verde, die in 200 Jahren in Neger verwandelt sein sollen, sind Mulatten.

4. Die Neger, wenn sie sich nur nicht mit weißfarbigen Menschen vermischen, bleiben selbst in Virginien durch viele Generationen Neger.

5. Weiße und Schwarze vermengt, zeugen Mulatten. Die Kinder, die diese Letzteren mit Weißen zeugen, heißen im Spanischen Amerika

Terzeronen; die Kinder dieser aus einer Ehe mit Weißen Quarteronen; deren Kinder mit Weißen Quinteronen; und dieser mit Weißen erzeugte Kinder heißen dann selbst wieder Weiße. Wenn aber z. B. ein Terzeron eine Mulattin heiratet, so gibt dieses Rücksprungskinder.

6. In den Cordilleren sehen die Einwohner den Europäern ähnlich. In Äthiopien, selbst oft unter der Linie, sehen sie nur braun aus.

7. Es gibt zuweilen so genannte weiße Mohren, oder Albinen, die von schwarzen Eltern gezeugt worden. Sie sind Mohrisch von Gestalt, haben krause, schneeweiße wollichte Haare, sind bleich und können nur beim Mondenlicht sehen.

8. Die Mohren, imgleichen alle Einwohner der heißen Zone haben eine dicke Haut, wie man sie denn auch nicht mit Ruten, sondern gespaltenen Röhren peitscht, wenn man sie züchtigt, damit das Blut einen Ausgang finde und nicht unter der dicken Haut eitere.

§ 3

Meinungen von der Ursache dieser Farbe

Einige bilden sich ein, Ham sei der Vater der Mohren und von Gott mit der schwarzen Farbe bestraft, die nun seinen Nachkommen angeartet. Man kann aber keinen Grund anführen, warum die schwarze Farbe in einer vorzüglichern Weise das Zeichen des Fluches sein sollte, als die weiße.

Viele Physiker glauben, sie rühre von der Epidermis und der schwarzen Materie her, mit der sie tingiert ist. Andere noch leiten sie von dem Corpore reticulari her. Weil die Farbe der Menschen durch alle Schattirungen der gelben, braunen und dunkelbraunen, endlich in dem heißen Erdstriche zur schwarzen wird: so ist wohl zu sehen, daß die Hitze des Klimas Ursache davon sei. Es ist aber gewiß, daß eine große Reihe von Generationen dazu gehört hat, damit sie eingeartet und nun erblich werde.

Es scheint, daß die Vertrocknung der Gefäße, die das Blut und das Serum unter die Haut führen, den Mangel des Bartes und kurze, krause Kopfhaare zuwege bringe, und weil das Licht, wel ches durch die Oberhaut in die vertrockneten Gänge des Corporis reticularis fällt, verschluckt wird, der Anblick der schwarzen Farbe daraus entstehe.

Wie sich aber eine solche zufällige Sache, als die Farbe ist, anarten könne, ist so leicht nicht zu erklären. Man sieht indessen doch aus andern Exempeln, daß es wirklich in der Natur in mehreren Stücken so gehe. Es ist aus der Verschiedenheit der Kost, der Luft und der Erziehung zu erklären, warum einige Hühner ganz weiß werden, und wenn man unter den vielen Kücklein, die von denselben Eltern geboren werden, nur die aussucht, die weiß sind und sie zusammen tut, bekommt man endlich eine weiße Rasse, die nicht leicht anders ausschlägt. Arten nicht die Engländischen und auf trocknem Boden erzogenen Arabischen oder Spanischen Pferde so aus, daß sie endlich Füllen von ganz anderm Gewächse erzeugen? Alle Hunde, die aus Europa nach Afrika gebracht werden, werden stumm und kahl und zeugen hernach auch solche Jungen. Dergleichen Veränderungen gehen mit den Schafen, dem Rindvieh und andern Tiergattungen vor. Daß Mohren dann und wann ein weißes Kind zeugen, geschieht ebenso, wie bisweilen ein weißer Rabe, eine weiße Krähe oder Amsel zum Vorschein kommt.

Daß die Hitze des Erdstriches, und nicht ein besonderer Elternstamm hieran schuld sei, ist daraus zu ersehen, daß in eben demselben Lande diejenigen, die in den flachern Teilen desselben wohnen, weit schwärzer sind, als die in hohen Gegenden Lebenden. Daher am Senegal schwärzere Leute als in Guinea und in Kongo und Angola schwärzere, als in Oberäthiopien oder Abessinien.

§ 4.

Der Mensch, seinen übrigen angebornen Eigenschaften nach, auf dem Erdoboden erwogen

Alle orientalischen Nationen, welche dem Meridian von Bengalen gegen Morgen liegen, haben etwas von der Kalmükkischen Bildung an sich. Diese ist, wenn sie in ihrer größten

Ausbildung genommen wird, so beschaffen: ein oben breites und unten schmales, plattes Gesicht, fast gar keine Nase, die von dem Gesichte hervorragt, ganz kleine Augen, überaus dicke Augenbrauen, schwarze Haare, dünne und zerstreute Haarbüschel anstatt des Bartes und kurze Beine mit dicken Schenkeln. Von dieser Bildung partizipieren die östlichen Tatarn, Chineser, Tunquineser, Arakaner, Peruaner, Siamer, Japaner usw., obgleich sie sich hin und wieder etwas verschönern.

Ohne auf die abergläubischen Meinungen von dem Ursprunge gewisser Bildungen zu sehen; so kann man nichts, als etwa Folgendes mit einiger Sicherheit anmerken: daß es nämlich in dieser Gegend von Meliapur, auf der Küste Koromandel viele Leute mit sehr dicken Beinen gebe, was einige vernünftige Reisende von der Beschaffenheit des Wassers herleiten, so wie die Kröpfe in Tirol und Salzburg ebenfalls von dem Wasser herrühren sollen, welches Tuffsteinmasse bei sich führt. Die Riesen in Patagonien sind, wenigstens als Riesenvolk, erdichtet. Von der Art mag auch das Volk mit rohen und großen Lippen sein, das am Senegal wohnen soll, ein Tuch vor dem Munde hält und ohne Rede handelt.

Des Plinius einäugige, höckerige, einfüßige Menschen, Leute ohne Mund, Zwergvölker u. dergl. gehören auch dahin.

Die Einwohner von der Küste von Neuholland haben halbgeschlossene Augen und können nicht in die Ferne sehen, ohne den Kopf auf den Rücken zu bringen. Daran gewöhnen sie sich wegen der vielen Mücken, die ihnen immer in die Augen fliegen. Einige Einwohner, als die Mohren der Sierra Leona und die Mongolen, die unter dem Gebiete von China stehen, verbreiten einen üblen Geruch.

Unter den Hottentotten haben viele Weiber, wie Kolbe berichtet, ein natürliches Leder am Schambeine, welches ihre Zeugungsteile zum Teil bedeckt, und das sie bisweilen abschneiden sollen. Eben dieses meldet Ludolph von vielen Ägyptischen (Äthiopischen) Weibern. (Vergl. Le Vaillant's Reisen). Die mit einem kleinen Ansatz von Affenschwanz versehenen Menschen auf Formosa, im Innern von Borneo usw., die Rytschkow in seiner Orenburgischen Topographie auch unter den Turkomannen antrifft, scheinen nicht ganz erdichtet.

In den heißen Ländern reift der Mensch in allen Stücken früher, erreicht aber nicht die Vollkommenheit der temperierten Zonen. Die Menschheit ist in ihrer größten Vollkommenheit in der Rasse der Weißen. Die gelben Indianer haben schon ein geringeres Talent. Die Neger sind weit tiefer und am tiefsten steht ein Teil der Amerikanischen Völkerschaften.

Die Mohren und andere Völker zwischen den Wendekreisen können gemeiniglich erstaunend laufen. Sie sowohl, als andere Wilde, haben auch mehr Stärke, als andere zivilisierte Völker, welches von der freien Bewegung, die man ihnen in der Kindheit verstattet, herrührt. Die Hottentotten können mit bloßen Augen ein Schiff in eben einer so großen Entfernung wahrnehmen, als es der Europäer mit dem Fernglase vermag. Die Weiber in dem heißesten Erdstriche zeugen von neun oder zehn Jahren an schon Kinder, und hören bereits vor dem fünfundzwanzigsten auf.

Don Ulloa merkt an, daß in Cartagena in Amerika und in den umliegenden Gegenden die Leute sehr früh klug werden, aber sie wachsen nicht ferner am Verstande in demselben Maße fort. Alle Bewohner der heißesten Zone sind ausnehmend träge. Bei einigen wird diese Faulheit noch etwas durch die Regierung und den Zwang gemäßigt. Wenn ein Indianer einen Europäer irgend wohin gehen sieht, so denkt er: er habe etwas zu bestellen; kommt er zurück, so denkt er: er habe schon seine Sache verrichtet; sieht er ihn aber zum dritten Male fortgehen, so denkt er: er sei nicht bei Verstande, da doch der Europäer nur zum Vergnügen spazieren geht, welches kein Indianer tut, oder wovon er sich auch nur eine Vorstellung zu machen im Stande ist. Die Indianer sind dabei auch zaghaft, und beides ist in gleichem Maße den sehr nördlich wohnenden Nationen eigen. Die Erschlaffung ihrer Geister will durch Branntwein, Tabak, Opium und andere starke Dinge erweckt werden. Aus der Furchtsamkeit rührt der Aberglaube, vornehmlich in Ansehung der Zaubereien her, imgleichen die Eifersucht. Die Furchtsamkeit macht sie, wenn sie Könige hatten, zu sklavischen Untertanen und bringt in ihnen eine abgöttische Verehrung derselben zuwege, sowie die Trägheit sie dazu bewegt, lieber in Wäldern herumzulaufen und Not zu leiden, als zur Arbeit, durch die Befehle ihrer Herren, angehalten zu werden.

Montesquieu urteilt ganz recht, daß eben die Zärtlichkeit, die dem Indianer oder dem Neger den Tod so furchtbar macht, ihn oft viele Dinge, die der Europäer überstehen kann, ärger fürchten läßt, als den Tod. Der Negersklave von Guinea ersäuft sich, wenn er zur

Sklaverei soll gezwungen werden. Die Indischen Weiber verbrennen sich. Der Karaibe nimmt sich bei einer geringen Gelegenheit das Leben. Der Peruaner zittert vor dem Feinde, und wenn er zum Tode geführt wird, so ist er gleichgültig, als wenn das nichts zu bedeuten hätte. Die aufgeweckte Einbildungskraft macht aber auch, daß er oft etwas wagt; aber die Hitze ist bald wieder vorüber, und die Zaghaftigkeit nimmt abermals ihren alten Platz ein. Die Ostjaken, Samojeden, Zemblanen, Lappen, Grönländer und Küstenbewohner der Davisstraße sind ihnen in der Zaghaftigkeit, Faulheit, dem Aberglauben, der Lust an starken Getränken sehr ähnlich, die Eifersucht ausgenommen, weil ihr Klima nicht so starke Anreizungen zur Wollust hat.

Eine gar zu schwache, sowie auch eine zu starke Perspiration macht ein dickes, klebriges Geblüt, und die größte Kälte sowohl, als die größte Hitze machen, daß durch Austrocknung der Säfte die Gefäße und Nerven der animalischen Bewegungen steif und unbiegsam werden.

In Gebirgen sind die Menschen dauerhaft, munter, kühn, Liebhaber der Freiheit und ihres Vaterlandes.

Wenn man nach den Ursachen der mancherlei, einem Volke angearteten Bildungen und Naturelle fragt, so darf man nur auf die Ausartungen der Tiere, sowohl in ihrer Gestalt, als ihrer Benehmungsart Acht haben, sobald sie in ein anderes Klima gebracht werden, wo andere Luft, Speise usw. ihre Nachkommenschaft ihnen unähnlich machen. Ein Eichhörnchen, das hier braun war, wird in Sibirien grau. Ein Europäischer Hund wird in Guinea ungestaltet und kahl, sammt seiner Nachkommenschaft. Die nordischen Völker, die nach Spanien übergegangen sind, haben nicht allein eine Nachkommenschaft von Körpern, die lange nicht so groß und stark, als sie waren, hinterlassen, sondern sie sind auch in ein Temperament, das dem eines Norwegers oder Dänen sehr unähnlich ist, ausgeartet. Der Einwohner des gemäßigten Erdstriches, vornehmlich des mittleren Teiles desselben, ist schöner an Körper, arbeitsamer, scherzhafter, gemäßigter in seinen Leidenschaften, verständiger, als irgend eine andere Gattung der Menschen in der Welt. Daher haben diese Völker zu allen Zeiten die anderen belehrt und durch die Waffen bezwungen. Die Römer, die Griechen, die alten nordischen Völker, Dschingischan, die Türken, Tamerlan, die Europäer nach Columbus Entdeckungen, haben alle südlichen Länder durch ihre Künste und Waffen in Erstaunen gesetzt.

Obgleich eine Nation nach langen Perioden in das Naturell desjenigen Klimas ausartet, wohin sie gezogen ist, so ist doch bisweilen noch lange hernach die Spur von ihrem vorigen Aufenthalte anzutreffen. Die Spanier haben noch die Merkmale des Arabischen und Maurischen Geblütes. Die Tatarische Bildung hat sich über China und einen Teil von Ostindien ausgebreitet.

§ 5.

Von der Veränderung, die die Menschen in ihrer Gestalt selbst veranlassen

Die meisten orientalischen Nationen finden an großen Ohren ein besonderes Vergnügen. Die in Siam, Arakan, einige Wilde am Amazonenstrome und andere Mohren hängen sich solche Gewichte in die Ohren, daß sie ungewöhnlich lang werden. In Arakan und Siam namentlich geht dieses so weit, daß das Loch, in das die Gewichte gehängt werden, so groß wird, daß man einige Finger neben einander einstecken kann, und die Ohrlappen auf die Schulter hängen. Die Siamer, Tunquineser und einige andere machen sich die Zähne mit einem schwarzen Firniß schwarz. Nasenringe tragen Malabaren, Guzuraten, Araber, Bengalen, die Neuholländer aber einen hölzernen Zapfen durch die Nase. Die Neger am Flusse Gabon in Afrika tragen in den Ohren und Nasen einen Ring, und schneiden sich durch die Unterlippe ein Loch, um die Zunge durchzustecken. Einige Amerikaner machen sich viele solche Löcher in die Haut, um farbige Federn hineinzustecken.

Die Hottentotten drücken ihren Kindern die Nase breit, wie einige andere Völker, z. B. die Karaiben, mit einer Platte die Stirne breit machen. Ein Volk am Amazonenstrome zwingt die Köpfe der Kinder durch eine Binde in die Form eines Zuckerhutes. Die Chineserin zerrt immer an ihren Augenliedern, um sie klein zu machen. Ihrer jungen Mädchen Füße werden mit Binden und durch kleine Schuhe gezwungen, nicht größer zu werden, als der Fuß eines vierjährigen Kindes.

Die Hottentotten verschneiden ihren Söhnen im achten Jahre einen Testikel. Die Türken lassen ihren schwarzen Verschnittenen alle Zeichen der Mannheit wegnehmen. Eine Nation in Amerika drückt ihren Kindern den Kopf so tief in die Schultern ein, daß sie keinen Hals zu haben scheinen.

§ 6.

Vergleichung der verschiedenen Nahrung der Menschen

Der Ostjake, der Seelappe, der Grönländer leben von frischen oder gedörrten Fischen. Ein Glas Tran ist für den Grönländer ein Nektar. Die etwas weiter zunächst in Süden wohnen, die von Kanada, die von den Küsten von Amerika, unterhalten sich von der Jagd. Alle Mongolischen und Kalmückischen Tataren haben keinen Ackerbau, sondern nähren sich von der Viehzucht, vornehmlich von Pferden und ihrer Milch; die Lappen von Renntieren; die Mohren und Indier von Reiß. Die Amerikaner vornehmlich von Mais, oder türkischem Weizen. Einige herumziehende Schwarzen in den Afrikanischen Wüsten von Heuschrecken.

§ 7.

Abweichung der Menschen von einander in Ansehung ihres Geschmacks

Unter dem Geschmack verstehe ich hier das Urteil über das, was allgemein den Sinnen gefällt. Die Vollkommenheit oder Unvollkommenheit desjenigen, was unsere Sinne rührt. Man wird aus der Abweichung des Geschmacks der Menschen sehen, daß ungemein viel bei uns auf Vorurteilen beruhe.

1. Urteil der Augen. Der Chineser hat ein Missfallen an großen Augen. Er verlangt ein großes viereckiges Gesicht, breite Ohren,

---

*Außer den oben genannten Werken von Zimmermann und Girtanner vergleiche man noch Kant selbst über die Menschenrassen und Wünsch kosmologische Betrachtungen.

eine sehr breite Stirne, einen dicken Bauch und eine grobe Stimme zu einem vollkommenen Menschen. Die Hottentottin, wenn sie gleich allen Putz der Europäischen Weiber gesehen hat, ist doch in ihren Augen und in denen ihrer Buhlen ausnehmend schön, wenn sie sich sechs Striche mit roter Kreide, zwei über die Augen, eben so viel über die Backen, einen über die Nase und einen über das Kinn gemacht hat. Die Araber punktieren ihre Haut mit Figuren, darin sie eine blaue Farbe einbeitzen. Die übrige Verdrehung der natürlichen Bildung, um schöner auszusehen, kann man vorhersehen.

2. Urteil des Gehöres. Wenn man die Musik der Europäer mit der der Türken, Chinesen, Afrikaner vergleicht, so ist die Verschiedenheit ungemein auffallend. Die Chinesen, ob sie sich gleich mit der Musik viele Mühe geben, finden doch an der unsrigen kein Wohlgefallen.

3. Urteil des Geschmackes. In China, in ganz Guinea ist ein Hund eins der schmackhaftesten Gerichte. Man bringt daselbst Alles, bis auf die Ratzen und Schlangen, zu Kauf. In Sumatra, Siam, Arakan und den mehresten Indischen Orten macht man nicht viel aus Fleisch; aber ein Gericht Fische, die indessen vorher müssen stinkend geworden sein, ist die Hauptspeise. Der Grönländer liebt den Trangeschmack über alles. Die Betelblätter mit der Arekanuss und ein wenig Kalk zu kauen, ist die größte Ergötzlichkeit aller Ostindianer, die zwischen den Wendekreisen wohnen. Die Hottentotten wissen von keiner Verzärtelung des Geschmackes. Im Notfalle können getretene Schuhsohlen ein ziemlich leidliches Gericht für sie abgeben.

4. Urteil des Geruches. Der Teufelsdreck oder die Assa foetida ist die Ergötzlichkeit aller südlichen Perser, und der Indianer, die ihnen nahe wohnen. Alle Speisen, das Brod sogar, sind damit parfümirt, und die Wasser selbst riechen davon. Den Hottentotten ist der Kuhmist ein Lieblingsgeruch, imgleichen manchen Indianern. Ihre Schaffelle müssen durchaus darnach riechen, wenn sie nach der Galanterie sein sollen. Ein Missionar wunderte sich darüber, daß die Chinesen, sobald sie eine Ratze sehen, sie zwischen den Fingern zerreiben und mit Appetit daran riechen. Allein ich Frage dagegen: Warum stinkt uns jetzt der Muskus an, der vor funfzig Jahren jedermann so schön roch? Wieviel vermag nicht das Urteil anderer Menschen in Ansehung unseres Geschmackes, ihn zu verändern, wie es die Zeiten mit sich bringen!

IMMANUEL
KANT

–

MUTMASSLICHER ANFANG DER MEN-SCHENGESCHICHTE

MUTMASSLICHER ANFANG DER MENSCHENGESCHICHTE

Im Fortgange einer Geschichte Mutmaßungen einzustreuen, um Lücken in den Nachrichten auszufüllen, ist wohl erlaubt: weil das Vorhergehende, als entfernte Ursache, und das Nachfolgende, als Wirkung, eine ziemlich sichere Leitung zur Entdeckung der Mittelursachen abgeben kann, um den Übergang begreiflich zu machen. Allein, eine Geschichte ganz und gar aus Mutmaßungen entstehen zu lassen, scheint nicht viel besser, als den Entwurf zu einem Roman zu machen. Auch würde sie nicht den Namen einer mutmaßlichen Geschichte, sondern einer bloßen Erdichtung führen können. – Gleichwohl kann das, was im Fortgange der Geschichte menschlicher Handlungen nicht gewagt werden darf, doch wohl über den ersten Anfang derselben, so fern ihn die Natur macht, durch Mutmaßung versucht werden. Denn dieser darf nicht erdichtet, sondern kann von der Erfahrung hergenommen werden; wenn man voraussetzt, daß diese im ersten Anfange nicht besser oder schlechter gewesen, als wir sie jetzt antreffen: eine Voraussetzung, die der Analogie der Natur gemäß ist, und nichts Gewagtes bei sich führt. Eine Geschichte der ersten Entwickelung der Freiheit aus ihrer ursprünglichen Anlage in der Natur des Menschen ist daher ganz etwas anderes, als die Geschichte der Freiheit in ihrem Fortgange, die nur auf Nachrichten gegründet werden kann.

Gleichwohl, da Mutmaßungen ihre Ansprüche auf Beistimmung nicht zu hoch treiben dürfen, sondern sich allenfalls nur als eine der Einbildungskraft in Begleitung der Vernunft, zur Erholung und Gesundheit des Gemüts, vergönnte Bewegung, nicht aber für ein ernsthaftes Geschäft ankündigen müssen: so können sie sich auch nicht mit derjenigen Geschichte messen, die über eben dieselbe Begebenheit als wirkliche Nachricht aufgestellt und geglaubt wird, deren Prüfung auf ganz andern Gründen, als bloßer Naturphilosophie, beruht. Eben darum, und da ich hier eine bloße Lustreise wage, darf ich mir wohl die Gunst versprechen, daß es mir erlaubt sei, mich einer heiligen Urkunde dazu als Karte zu bedienen, und mir zugleich einzubilden, als ob mein Zug, den ich auf den Flügeln der Einbildungskraft, obgleich nicht ohne einen durch Vernunft an Erfahrung geknüpften Leitfaden, tue, gerade dieselbe Linie treffe, die jene historisch vorgezeichnet enthält. Der Leser wird die Blätter jener Urkunde (1. Mose Kap. II bis VI) aufschlagen, und Schritt vor Schritt nachsehen, ob der Weg, den Philosophie nach Begriffen nimmt, mit dem, welchen die Geschichte angibt, zusammentreffe.

Will man nicht in Mutmaßungen schwärmen, so muß der Anfang von dem gemacht werden, was keiner Ableitung aus vorhergehenden Naturursachen durch menschliche Vernunft fähig ist, also: mit der Existenz des Menschen; und zwar in seiner ausgebildeten Größe, weil er der mütterlichen Beihülfe entbehren muß; in einem Paare, damit er seine Art fortpflanze; und auch nur einem einzigen Paare, damit nicht sofort der Krieg entspringe, wenn die Menschen einander nahe und doch einander fremd wären, oder auch damit die Natur nicht beschuldigt werde, sie habe durch die Verschiedenheit der Abstammung es an der schicklichsten Veranstaltung zur Geselligkeit, als dem größten Zwecke der menschlichen Bestimmung, fehlen lassen; denn die Einheit der Familie, woraus alle Menschen abstammen sollten, war ohne Zweifel hiezu die beste Anordnung. Ich setze dieses Paar in einen wider den Anfall der Raubtiere gesicherten und mit allen Mitteln der Nahrung von der Natur reichlich versehenen Platz, also gleichsam in einen Garten, unter einem jederzeit milden Himmelsstriche. Und, was noch mehr ist, ich betrachte es nur, nachdem es schon einen mächtigen Schritt in der Geschicklichkeit getan hat, sich seiner Kräfte zu bedienen, und fange also nicht von der gänzlichen Rohigkeit seiner Natur an; denn es könnten der Mutmaßungen für den Leser leicht zu viel, der Wahrscheinlichkeiten aber zu wenig werden, wenn ich diese Lücke, die vermutlich einen großen Zeitraum begreift, auszufüllen unternehmen wollte. Der erste Mensch konnte also stehen und gehen; er konnte sprechen (1. B. Mose Kap. II, V. 20), ja reden, d. i. nach zusammenhängenden Begriffen sprechen (V. 23), mithin denken. Lauter Geschicklichkeiten, die er alle selbst erwerben mußte (denn

---

*Der Trieb, sich mitzuteilen, muß den Menschen, der noch allein ist, gegen lebende Wesen außer ihm, vornehmlich diejenigen, die einen Laut geben, welchen er nachahmen und der nachher zum Namen dienen kann, zuerst zur Kundmachung seiner Existenz bewogen haben. Eine ähnliche Wirkung dieses Triebes sieht man auch noch an Kindern und an gedankenlosen Leuten, die durch Schnarren, Schreien, Pfeifen, Singen und andere lärmende Unterhaltungen (oft auch dergleichen Andachten) den denkenden Teil des gemeinen Wesens stören. Denn ich sehe keinen andern Bewegungsgrund hiezu, als daß sie ihre Existenz weit und breit um sich kund machen wollen.

wären sie anerschaffen, so würden sie auch anerben, welches aber der Erfahrung widerstreitet); mit denen ich ihn aber jetzt schon als versehen annehme, um bloß die Entwickelung des Sittlichen in seinem Tun und Lassen, welches jene Geschicklichkeit notwendig voraussetzt, in Betrachtung zu ziehen.

Der Instinkt, diese Stimme Gottes, der alle Tiere gehorchen, mußte den Neuling anfänglich allein leiten. Dieser erlaubte ihm einige Dinge zur Nahrung, andere verbot er ihm (III, 2. 3). – Es ist aber nicht nötig, einen besondern jetzt verlorenen Instinkt zu diesem Behuf anzunehmen; es konnte bloß der Sinn des Geruchs, und dessen Verwandtschaft mit dem Organ des Geschmacks, dieses letzteren bekannte Sympathie aber mit den Werkzeugen der Verdauung, und also gleichsam das Vermögen der Vorempfindung der Tauglichkeit oder Untauglichkeit einer Speise zum Genusse, dergleichen man auch noch jetzt wahrnimmt, gewesen sein. Sogar darf man diesen Sinn im ersten Paare nicht schärfer, als er jetzt ist, annehmen; denn es ist bekannt genug, welcher Unterschied in der Wahrnehmungskraft zwischen den bloß mit ihren Sinnen, und den zugleich mit ihren Gedanken beschäftigten, dadurch aber von ihren Empfindungen abgewandten, Menschen angetroffen werde.

So lange der unerfahrne Mensch diesem Rufe der Natur gehorchte, so befand er sich gut dabei. Allein die Vernunft fing bald an sich zu regen, und suchte durch Vergleichung des Genossenen mit dem, was ihm ein anderer Sinn, als der, woran der Instinkt gebunden war, etwa der Sinn des Gesichts, als dem sonst Genossenen ähnlich vorstellte, seine Kenntnis der Nahrungsmittel über die Schranken des Instinkts zu erweitern (III, 6). Dieser Versuch hätte zufälligerweise noch gut genug ausfallen können, obgleich der Instinkt nicht anriet, wenn er nur nicht widersprach. Allein, es ist eine Eigenschaft der Vernunft, daß sie Begierden mit Beihülfe der Einbildungskraft, nicht allein ohne einen darauf gerichteten Naturtrieb, sondern sogar wider denselben, erkünsteln kann, welche im Anfange den Namen der Lüsternheit bekommen, wodurch aber nach und nach ein ganzer Schwarm entbehrlicher ja sogar naturwidriger Neigungen, unter der Benennung der Üppigkeit, ausgeheckt wird. Die Veranlassung, von dem Naturtriebe abtrünnig zu werden, durfte nur eine Kleinigkeit sein; allein der Erfolg des ersten Versuchs, nämlich sich seiner Vernunft als eines Vermögens bewußt zu werden, das sich über die

Schranken, worin alle Tiere gehalten werden, erweitern kann, war sehr wichtig und für die Lebensart entscheidend. Wenn es also auch nur eine Frucht gewesen wäre, deren Anblick, durch die Ähnlichkeit mit anderen annehmlichen, die man sonst gekostet hatte, zum Versuche einladete; wenn dazu noch etwa das Beispiel eines Tieres kam, dessen Natur ein solcher Genuß angemessen, so wie er im Gegenteil dem Menschen nachteilig war, daß folglich in diesem ein sich dawider setzender natürlicher Instinkt war: so konnte dieses schon der Vernunft die erste Veranlassung geben, mit der Stimme der Natur zu schikanieren (III, 1) ,und, trotz ihrem Widerspruch, den ersten Versuch von einer freien Wahl zu machen, der, als der erste, wahrscheinlicherweise nicht der Erwartung gemäß ausfiel. Der Schade mochte nun gleich so unbedeutend gewesen sein, als man will, so gingen dem Menschen hierüber doch die Augen auf (V. 7). Er entdeckte in sich ein Vermögen, sich selbst eine Lebensweise auszuwählen, und nicht gleich anderen Tieren an eine einzige gebunden zu sein. Auf das augenblickliche Wohlgefallen, das ihm dieser bemerkte Vorzug erwecken mochte, mußte doch sofort Angst und Bangigkeit folgen: wie er, der noch kein Ding nach seinen verborgenen Eigenschaften und entfernten Wirkungen kannte, mit seinem neu entdeckten Vermögen zu Werke gehen sollte. Er stand gleichsam am Rande eines Abgrundes; denn aus einzelnen Gegenständen seiner Begierde, die ihm bisher der Instinkt angewiesen hatte, war ihm eine Unendlichkeit derselben eröffnet, in deren Wahl er sich noch gar nicht zu finden wußte; und aus diesem einmal gekosteten Stande der Freiheit war es ihm gleichwohl jetzt unmöglich in den der Dienstbarkeit (unter der Herrschaft des Instinkts) wieder zurück zu kehren.

Nächst dem Instinkt zur Nahrung, durch welchen die Natur jedes Individuum erhält, ist der Instinkt zum Geschlecht, wodurch sie für die Erhaltung jeder Art sorgt, der vorzüglichste. Die einmal rege gewordene Vernunft säumte nun nicht, ihren Einfluß auch an diesem zu beweisen. Der Mensch fand bald: daß der Reiz des Geschlechts, der bei den Tieren bloß auf einem vorübergehenden, größtenteils periodischen Antriebe beruht, für ihn der Verlängerung und sogar Vermehrung durch die Einbildungskraft fähig sei, welche ihr Geschäft zwar mit mehr Mäßigung, aber zugleich dauerhafter und gleichförmiger treibt, je mehr der Gegenstand den Sinnen entzogen wird, und daß dadurch der Überdruß verhütet werde, den die Sättigung einer bloß tierischen Begierde bei sich führt. Das Feigenblatt (V. 7) war also das Produkt einer weit größeren Äußerung der Vernunft, als sie in der ersteren Stufe ihrer Entwickelung bewiesen hatte. Denn eine Neigung dadurch inniglicher und dauerhafter zu machen, daß man ihren Gegenstand den Sinnen entzieht, zeigt schon das Bewußtsein einiger Herrschaft der Vernunft über Antriebe; und nicht bloß, wie der erstere Schritt, ein Vermögen, ihnen im kleineren oder größeren Umfange Dienste zu leisten. Weigerung war das Kunststück, um von bloß empfundenen zu idealischen Reizen, von der bloß tierischen Begierde allmählig zur Liebe, und mit dieser vom Gefühl des bloß Angenehmen zum Geschmack für Schönheit, anfänglich nur an Menschen, dann aber auch an der Natur, überzuführen. Die Sittsamkeit, eine Neigung durch guten Anstand (Verhehlung dessen, was Geringschätzung erregen könnte) andern Achtung gegen uns einzuflößen, als die eigentliche Grundlage aller wahren Geselligkeit, gab überdem den ersten Wink zur Ausbildung des Menschen, als eines sittlichen Geschöpfs. – Ein kleiner Anfang, der aber Epoche macht, indem er der Denkungsart eine ganz neue Richtung gibt, ist wichtiger, als die ganze unabsehliche Reihe von darauf folgenden Erweiterungen der Kultur.

Der dritte Schritt der Vernunft, nachdem sie sich in die ersten unmittelbar empfundenen Bedürfnisse gemischt hatte, war die überlegte Erwartung des Künftigen. Dieses Vermögen, nicht bloß den gegenwärtigen Lebensaugenblick zu genießen, sondern die kommende, oft sehr entfernte, Zeit sich gegenwärtig zu machen, ist das entscheidendste Kennzeichen des menschlichen Vorzuges, um seiner Bestimmung gemäß sich zu entfernten Zwecken vorzubereiten, – aber auch zugleich der unversiegendste Quell von Sorgen und Bekümmernissen, die die ungewisse Zukunft erregt, und welcher alle Tiere überhoben sind (V. 13–19). Der Mann, der sich und eine Gattin, samt künftigen Kindern, zu ernähren hatte, sah die immer wachsende Mühseligkeit seiner Arbeit; das Weib sah die Beschwerlichkeiten, denen die Natur ihr Geschlecht unterworfen hatte, und noch obenein diejenigen, welche der mächtigere Mann ihr auferlegen würde, voraus. Beide sahen nach einem mühseligen

Leben noch im Hintergrunde des Gemäldes das, was zwar alle Tiere unvermeidlich trifft, ohne sie doch zu bekümmern, nämlich den Tod, mit Furcht voraus; und schienen sich den Gebrauch der Vernunft, die ihnen alle diese Übel verursacht, zu verweisen und zum Verbrechen zu machen. In ihrer Nachkommenschaft zu leben, die es vielleicht besser haben, oder auch wohl, als Glieder einer Familie, ihre Beschwerden erleichtern könnten, war vielleicht die einzige tröstende Aussicht, die sie aufrichtete (V. 16–20).

Der vierte und letzte Schritt, den die, den Menschen über die Gesellschaft mit Tieren gänzlich erhebende ‚Vernunft tat, war: daß er (wiewohl nur dunkel) begriff, er sei eigentlich der Zweck der Natur, und nichts, was auf Erden lebt, könne hierin einen Mitwerber gegen ihn abgeben. Das erstemal, daß er zum Schafe sagte: den Pelz, den du trägst, hat dir die Natur nicht für dich, sondern für mich gegeben, ihm ihn abzog, und sich selbst anlegte (V. 21): ward er eines Vorrechtes inne, welches er, vermöge seiner Natur, über alle Tiere hatte, die er nun nicht mehr als seine Mitgenossen an der Schöpfung, sondern als seinem Willen überlassene Mittel und Werkzeuge zu Erreichung seiner beliebigen Absichten ansah. Diese Vorstellung schließt (wiewohl dunkel) den Gedanken des Gegensatzes ein: daß er so etwas zu keinem Menschen sagen dürfe, sondern diesen als gleichen Teilnehmer an den Geschenken der Natur anzusehen habe: eine Vorbereitung von weitem zu den Einschränkungen, die die Vernunft künftig dem Willen in Ansehung seines Mitmenschen auferlegen sollte, und welche, weit mehr als Zuneigung und Liebe, zu Errichtung der Gesellschaft notwendig ist.

Und so war der Mensch in eine Gleichheit mit allen vernünftigen Wesen, von welchem Range sie auch sein mögen, getreten (III, 22): nämlich, in Ansehung des Anspruchs, selbst Zweck zu sein, von jedem anderen auch als ein solcher geschätzt, und von keinem bloß als Mittel zu anderen Zwecken gebraucht zu werden. Hierin, und nicht in der Vernunft, wie sie bloß als ein Werkzeug zu Befriedigung der mancherlei Neigungen betrachtet wird, steckt der Grund der so unbeschränkten Gleichheit des Menschen, selbst mit höheren Wesen, die ihm an Naturgaben sonst über alle Vergleichung vorgehen möchten, deren keines aber darum ein Recht hat, über ihn nach bloßem Belieben zu schalten und zu walten.

Dieser Schritt ist daher zugleich mit Entlassung desselben aus dem Mutterschoße der Natur verbunden: eine Veränderung, die zwar ehrend, aber zugleich sehr gefahrvoll ist, indem sie ihn aus dem harmlosen und sicheren Zustande der Kindespflege, gleichsam aus einem Garten, der ihn ohne seine Mühe versorgte, heraustrieb (V. 23), und ihn in die weite Welt stieß, wo so viel Sorgen, Mühe und unbekannte Übel auf ihn warten. Künftig wird ihm die Mühseligkeit des Lebens öfter den Wunsch nach einem Paradiese, dem Geschöpfe seiner Einbildungskraft, wo er in ruhiger Untätigkeit und beständigem Frieden sein Dasein verträumen oder vertändeln könne, ablocken. Aber es lagert sich zwischen ihm und jenem eingebildeten Sitz der Wonne die rastlose und zur Entwickelung der in ihn gelegten Fähigkeiten unwiderstehlich treibende Vernunft, und erlaubt es nicht, in den Stand der Rohigkeit und Einfalt zurück zu kehren, aus dem sie ihn gezogen hatte (V. 24). Sie treibt ihn an, die Mühe, die er haßt, dennoch geduldig über sich zu nehmen, dem Flitterwerk, das er verachtet, nachzulaufen, und den Tod selbst, vor dem ihn grauet, über alle jene Kleinigkeiten, deren Verlust er noch mehr scheuet, zu vergessen.

Anmerkung

Aus dieser Darstellung der ersten Menschengeschichte ergibt sich: da der Ausgang des Menschen aus dem, ihm durch die Vernunft, als erster Aufenthalt seiner Gattung vorgestellten, Paradiese nicht anders, als der Übergang aus der Rohigkeit eines bloß tierischen Geschöpfes in die Menschheit, aus dem Gängelwagen des Instinkts zur Leitung der Vernunft, mit einem Worte: aus der Vormundschaft der Natur in den Stand der Freiheit gewesen sei. Ob der Mensch durch diese Veränderung gewonnen, oder verloren habe, kann nun nicht mehr die Frage sein, wenn man auf die Bestimmung seiner Gattung sieht, die in nichts als im Fortschreiten zur Vollkommenheit besteht, so fehlerhaft auch die ersten, selbst in einer langen Reihe ihrer Glieder nach einander folgenden Versuche, zu diesem Ziele durchzudringen, ausfallen mögen. – Indessen ist dieser Gang, der für die Gattung ein Fortschritt vom Schlechteren zum Besseren ist, nicht eben das Nämliche für das Individuum. Ehe die Vernunft erwachte, war noch kein Gebot oder Verbot, und also noch keine Übertretung; als sie aber ihr Geschäft anfing, und, schwach wie sie ist, mit der Tierheit und deren ganzen Stärke ins Gemenge kam, so mußten Übel, und, was ärger ist, bei kultivierterer Vernunft Laster entspringen, die dem Stande der Unwissenheit, mithin der Unschuld, ganz fremd waren. Der erste Schritt also aus diesem Stande war auf der sittlichen Seite ein Fall; auf der physischen waren eine Menge nie gekannter Übel des Lebens die Folge dieses Falls, mithin Strafe. Die Geschichte der Natur fängt also vom Guten an, denn sie ist das Werk Gottes; die Geschichte der Freiheit vom Bösen, denn sie ist Menschenwerk. Für das Individuum, welches im Gebrauche seiner Freiheit bloß auf sich selbst sieht, war, bei einer solchen Veränderung, Verlust; für die Natur, die ihren Zweck mit dem Menschen auf die Gattung richtet, war sie Gewinn. Jenes hat daher Ursache, alle Übel die es erduldet, und alles Böse das es verübt, seiner eigenen Schuld zuzuschreiben, zugleich aber auch als ein Glied des Ganzen (einer Gattung) die Weisheit und Zweckmäßigkeit der Anordnung zu bewundern und zu preisen. – Auf diese Weise kann man auch die so oft gemißdeuteten, dem Scheine nach einander widerstreitenden Behauptungen des berühmten J. J. Rousseau unter sich und mit der Vernunft in Einstimmung bringen. In seiner Schrift über den Einfluß der Wissenschaften und der über die Ungleichheit der Menschen zeigt er ganz richtig den unvermeidlichen Widerstreit der Kultur mit der Natur des menschlichen Geschlechts, als einer physischen Gattung, in welcher jedes Individuum seine Bestimmung ganz erreichen sollte; in seinem Emil aber, seinem gesellschaftlichen Kontrakte, und anderen Schriften sucht er wieder das schwerere Problem aufzulösen: wie die Kultur fortgehen müsse, um die Anlagen der Menschheit, als einer sittlichen Gattung, zu ihrer Bestimmung gehörig zu entwickeln, so daß diese jener als Naturgattung nicht mehr widerstreite. Aus welchem Widerstreit (da die Kultur, nach wahren Prinzipien der Erziehung zum Menschen und Bürger zugleich, vielleicht noch nicht recht angefangen, viel weniger vollendet ist) alle wahre Übel entspringen, die das menschliche Leben drücken, und alle Laster, die es verunehren;* indessen daß die Anreize zu den letzteren, denen man desfalls schuld gibt, an sich gut und als Naturanlagen

---

*Um nur einige Beispiele dieses Widerstreits zwischen der Bestrebung der Menschheit zu ihrer sittlichen Bestimmung einerseits und der unveränderlichen Befolgung der für den rohen und tierischen Zustand in ihrer Natur gelegten Gesetze andererseits beizubringen, führe ich folgendes an.

Die Epoche der Mündigkeit, d. i. des Triebes sowohl, als Vermögens, seine Art zu erzeugen, hat die Natur auf das Alter von etwa 16 bis 17 Jahren festgesetzt: ein Alter, in welchem der Jüngling im rohen Naturstande buchstäblich ein Mann wird; denn er hat alsdann das Vermögen, sich selbst zu erhalten, seine Art zu erzeugen, und auch diese, samt seinem Weibe, zu erhalten. Die Einfalt der Bedürfnisse macht ihm dieses leicht. Im kultivierten Zustande hingegen gehören zum letzteren viele Erwerbmittel, sowohl an Geschicklichkeit, als auch an günstigen äußern Umständen, so daß diese Epoche, bürgerlich, wenigstens im Durchschnitte um 10 Jahre weiter hinausgerückt wird. Die Natur hat indessen ihren Zeitpunkt der Reife nicht zugleich mit dem Fortschritte der gesellschaftlichen Verfeinerung verändert, sondern befolgt hartnäckig ihr Gesetz, welches sie auf die Erhaltung der Menschengattung als Tiergattung gestellt hat. Hieraus entspringt nun dem Naturzwecke durch die Sitten, und diesen durch jenen, ein unvermeidlicher Abbruch. Denn der Naturmensch ist in einem gewissen Alter schon Mann, wenn der bürgerliche Mensch (der doch nicht aufhört Naturmensch zu sein) nur Jüngling, ja wohl gar nur Kind ist; denn so kann man denjenigen wohl nennen, der seiner Jahre wegen (im bürgerlichen Zustande) sich nicht einmal selbst, viel weniger seine Art erhalten kann, ob er gleich den Trieb und das Vermögen, mithin den Ruf der Natur für sich hat, sie zu erzeugen. Denn die Natur hat gewiß nicht Instinkte und Vermögen in lebende Geschöpfe gelegt, damit sie solche bekämpfen und unterdrücken sollten. Also war die Anlage derselben auf den gesitteten Zustand gar nicht gestellt, sondern bloß auf die Erhaltung der Menschengattung als Tiergattung; und der zivilisierte Zustand kommt also mit dem letzteren in unvermeidlichen Widerstreit, den nur eine vollkommene bürgerliche Verfassung (das äußerste Ziel der Kultur) heben könnte, da jetzt jener Zwischenraum gewöhnlicherweise mit Lastern, und ihrer Folge, dem mannigfaltigen menschlichen Elende, besetzt wird.

Ein anderes Beispiel zum Beweise der Wahrheit des Satzes: daß die Natur in uns zwei Anlagen zu zwei verschiedenen Zwecken, nämlich der Menschheit als Tiergattung, und eben derselben als sittlicher Gattung, gegründet habe, ist das: Ars longa, vita brevis des Hippokrates. (Übersetzung des Herausgebers: "Die Kunst ist lang und kurz ist unser Leben".) Wissenschaften und Künste könnten durch einen Kopf, der für sie gemacht ist, wenn er einmal zur rechten Reife des Urteils durch lange Übung und erworbene Erkenntnis gelangt ist, viel weiter gebracht werden, als ganze Generationen von Gelehrten nach einander es leisten mögen, wenn jener nur mit der nämlichen jugendlichen Kraft des Geistes die Zeit, die diesen Generationen zusammen verliehen ist, durchlebte. Nun hat die Natur ihre Entschließung wegen der Lebensdauer des Menschen offenbar aus einem anderen Gesichtspunkte, als dem der Beförderung der Wissenschaften, genommen.Denn wenn der glücklichste Kopf am Rande der größten Entdeckungen steht, die er von seiner Geschicklichkeit und Erfahrenheit hoffen darf, so tritt das Alter ein; er wird stumpf, und muß es einer zweiten Generation (die wieder vom ABC anfängt, und die ganze Strecke, die schon zurückgelegt war, nochmals durchwandern muß) überlassen, noch eine Spanne im Fortschritte der Kultur hinzuzutun. Der Gang der Menschengattung zur Erreichung ihrer ganzen Bestimmung scheint daher unaufhörlich unterbrochen, und in kontinuierlicher Gefahr zu sein, in die alte Rohigkeit zurückzufallen; und der griechische Philosoph klagte nicht ganz ohne Grund: es ist schade, daß man alsdann sterben muß, wenn man eben angefangen hat einzusehen, wie man eigentlich hätte leben sollen. Ein drittes Beispiel mag zweckmäßig sind, diese Anlagen aber, da sie auf den bloßen Naturzustand gestellt waren, durch die fortgehende Kultur Abbruch leiden, und dieser dagegen Abbruch tun, bis vollkommene Kunst wieder Natur wird: als welches das letzte Ziel der sittlichen Bestimmung der Menschengattung ist.

BESCHLUSS DER GESCHICHTE

Der Anfang der folgenden Periode war: daß der Mensch aus dem Zeitabschnitte der Gemächlichkeit und des Friedens in den der Arbeit und der Zwietracht, als das Vorspiel der Vereinigung in Gesellschaft, überging. Hier müssen wir wiederum einen großen Sprung tun, und ihn auf einmal in den Besitz gezähmter Tiere und der Gewächse, die er selbst durch Säen oder Pflanzen zu seiner Nahrung vervielfältigen konnte, versetzen (IV, 2); obwohl es mit dem Übergange aus dem wilden Jägerleben in den ersten, und aus dem unsteten Wurzelgraben oder Fruchtsammlen in den zweiten Zustand langsam genug zugegangen sein mag. Hier mußte nun der Zwist zwischen bis dahin friedlich neben einander lebenden Menschen schon anfangen, dessen Folge die Trennung derer von verschiedener Lebensart und ihre Zerstreuung auf der Erde war. Das Hirtenleben ist nicht allein gemächlich, sondern gibt auch, weil es in einem weit und breit unbewohnten Boden an Futter nicht mangeln kann, den sichersten Unterhalt. Dagegen ist der Ackerbau, oder die Pflanzung, sehr mühsam, vom Unbestande der Witterung abhängend, mithin unsicher, erfordert auch bleibende Behausung,

die Ungleichheit unter den Menschen; und zwar nicht die der Naturgaben oder Glücksgüter, sondern des allgemeinen Menschenrechts derselben sein: eine Ungleichheit, über die Rousseau mit vieler Wahrheit klagt, die aber von der Kultur nicht abzusondern ist, so lange sie gleichsam planlos fortgeht (welches eine lange Zeit hindurch gleichfalls unvermeidlich ist), und zu welcher die Natur den Menschen gewiß nicht bestimmt hatte; da sie ihm Freiheit gab, und Vernunft, diese Freiheit durch nichts als ihre eigene allgemeine und zwar äußere Gesetzmäßigkeit, welche das bürgerliche Recht heißt, einzuschränken. Der Mensch sollte sich aus der Rohigkeit seiner Naturanlagen selbst herausarbeiten, und, indem er sich über sie erhebt, dennoch Acht haben, daß er nicht wider sie verstoße; eine Geschicklichkeit, die er nur spät und nach vielen mißlingenden Versuchen erwarten kann, binnen welcher Zwischenzeit die Menschheit unter den Übeln seufzt, die sie sich aus Unerfahrenheit selbst antut.

Eigentum des Bodens, und hinreichende Gewalt, ihn zu verteidigen; der Hirte aber haßt dieses Eigentum, welches seine Freiheit der Weiden einschränkt. Was das erste betrifft, so konnte der Ackersmann den Hirten als vom Himmel mehr begünstigt zu beneiden scheinen (V. 4); in der Tat aber wurde ihm der letztere, so lange er in seiner Nachbarschaft blieb, sehr lästig; denn das weidende Vieh schont seine Pflanzungen nicht. Da es nun jenem, nach dem Schaden, den er angerichtet hat, ein Leichtes ist, sich mit seiner Heerde weit weg zu machen und sich aller Schadloshaltung zu entziehen, weil er nichts hinterläßt, was er nicht eben so gut allenthalben wieder fände: so war es wohl der Ackersmann, der gegen solche Beeinträchtigungen, die der andere nicht für unerlaubt hielt, Gewalt brauchen, und (da die Veranlassung dazu niemals ganz aufhören konnte), wenn er nicht der Früchte seines langen Fleißes verlustig gehen wollte, sich endlich so weit, als es ihm möglich war, von denen, die das Hirtenleben trieben, entfernen mußte (V. 16). Diese Scheidung macht die dritte Epoche.

Ein Boden, von dessen Bearbeitung und Bepflanzung (vornehmlich mit Bäumen) der Unterhalt abhängt, erfordert bleibende Behausungen; und die Verteidigung desselben gegen alle Verletzungen bedarf einer Menge einander Beistand leistender Menschen. Mithin konnten die Menschen bei dieser Lebensart sich nicht mehr familienweise zerstreuen, sondern mußten zusammen halten, und Dorfschaften (uneigentlich Städte genannt) errichten, um ihr Eigentum gegen wilde Jäger, oder Horden herumschweifender Hirten, zu schützen. Die ersten Bedürfnisse des Lebens, deren Anschaffung eine verschiedene Lebensart erfordert (V. 20), konnten nun gegen einander vertauscht werden. Daraus mußte Kultur entspringen, und der Anfang der Kunst, des Zeitvertreibes sowohl als des Fleißes (V. 21, 22); was aber das Vornehmste ist, auch einige Anstalt zur bürgerlichen Verfassung und öffentlicher Gerechtigkeit, zuerst freilich nur in Ansehung der größten Gewalttätigkeiten, deren Rächung nun nicht mehr, wie im wilden Zustande, einzelnen, sondern einer gesetzmäßigen Macht, die das Ganze zusammenhielt, d. i. einer Art von Regierung überlassen war, über welche selbst keine Ausübung der Gewalt statt fand (V. 23, 24). – Von dieser ersten und rohen Anlage konnte sich nun nach und nach alle menschliche Kunst, unter welcher die der Geselligkeit und bürgerlichen Sicherheit die ersprießlichste ist, allmählich entwickeln, das menschliche Geschlecht sich vermehren, und aus einem Mittelpunkte, wie Bienenstöcke, durch Aussendung schon gebildeter Kolonisten überall verbreiten. Mit dieser Epoche fing auch die Ungleichheit unter Menschen, diese reiche Quelle so vieles Bösen, aber auch alles Guten, an, und nahm fernerhin zu.

So lange nun noch die nomadischen Hirtenvölker, welche allein Gott für ihren Herrn erkennen, die Städtebewohner und Ackerleute, welche einen Menschen (Obrigkeit) zum Herrn haben (VI, 4),* umschwärmten, und als abgesagte Feinde alles Landeigentums diese anfeindeten und von diesen wieder gehaßt wurden, war zwar kontinuierlicher Krieg zwischen beiden, wenigstens unaufhörliche Kriegsgefahr, und beiderseitige Völker konnten daher im Inneren wenigstens des unschätzbaren Guts der Freiheit froh werden – (denn Kriegsgefahr ist auch noch jetzt das einzige, was den Despotismus mäßigt; weil Reichtum dazu erfordert wird, daß ein Staat jetzt eine Macht sei, ohne Freiheit aber keine Betriebsamkeit, die Reichtum hervorbringen könnte, statt findet. In einem armen Volke muß an dessen Stelle große Teilnehmung an der Erhaltung des gemeinen Wesens angetroffen werden; welche wiederum nicht anders, als wenn es sich darin frei fühlt, möglich ist). – Mit der Zeit aber mußte denn doch der anhebende Luxus der Städtebewohner, vornehmlich aber die Kunst zu gefallen, wodurch die städtischen Weiber die schmutzigen Dirnen der Wüsten verdunkelten, eine mächtige Lockspeise für jene Hirten sein (V. 2), in Verbindung mit diesen zu treten, und sich in das glänzende Elend der Städte ziehen zu lassen. Da denn, durch Zusammenschmelzung zweier sonst einander feindseligen Völkerschaften, mit dem Ende aller Kriegsgefahr, zugleich das Ende aller Freiheit, also der Despotismus mächtiger Tyrannen einerseits, bei kaum noch angefangener Kultur aber seelenlose Üppigkeit in verworfenster Sklaverei, mit allen Lastern des rohen Zustandes vermischt, andrerseits, das menschliche Geschlecht von dem ihm durch die Natur vorgezeichneten Fort-

---

*Die arabischen Beduinen nennen sich noch Kinder eines ehemaligen Schechs, des Stifters ihres Stammes (als Beni Haled u. d. gl.). Dieser ist keinesweges Herr über sie und kann nach seinem Kopfe keine Gewalt an ihnen ausüben. Denn in einem Hirtenvolke, da niemand liegendes Eigentum hat, welches er zurücklassen müßte, kann jede Familie, der es da mißfällt, sich sehr leicht vom Stamme absondern, um einen andern zu verstärken.

gange der Ausbildung seiner Anlagen zum Guten unwiderstehlich abbrachte; und es dadurch selbst seiner Existenz, als einer über die Erde zu herrschen, nicht viehisch zu genießen und sklavisch zu dienen, bestimmten Gattung, unwürdig machte (V. 17).

Schluß-Anmerkung

Der denkende Mensch fühlt einen Kummer, der wohl gar Sittenverderbnis werden kann, von welchem der Gedankenlose nichts weiß: nämlich Unzufriedenheit mit der Vorsehung, die den Weltlauf im Ganzen regiert; wenn er die Übel überschlägt, die das menschliche Geschlecht so sehr und (wie es scheint) ohne Hoffnung eines Bessern, drücken. Es ist aber von der größten Wichtigkeit: mit der Vorsehung zufrieden zu sein (ob sie uns gleich auf unserer Erdenwelt eine so mühsame Bahn vorgezeichnet hat): teils, um unter den Mühseligkeiten immer noch Mut zu fassen, teils, um, indem wir die Schuld davon aufs Schicksal schieben, nicht unsere eigene, die vielleicht die einzige Ursache aller dieser Übel sein mag, darüber aus dem Auge zu setzen, und in der Selbstbesserung die Hülfe dagegen zu versäumen.

Man muß gestehen: daß die größten Übel, welche gesittete Völker drücken, uns vom Kriege, und zwar nicht so sehr von dem, der wirklich oder gewesen ist, als von der nie nachlassenden und sogar unaufhörlich vermehrten Zurüstung zum künftigen, zugezogen werden. Hiezu werden alle Kräfte des Staats, alle Früchte seiner Kultur, die zu einer noch größeren Kultur gebraucht werden könnten, verwandt; der Freiheit wird an so viel Orten mächtiger Abbruch getan und die mütterliche Vorsorge des Staats für einzelne Glieder in eine unerbittliche Härte der Forderungen verwandelt, indes diese doch auch durch die Besorgnis äußerer Gefahr gerechtfertigt wird. Allein, würde wohl diese Kultur, würde die enge Verbindung der Stände des gemeinen Wesens zur wechselseitigen Beförderung ihres Wohlstandes, würde die Bevölkerung, ja sogar der Grad der Freiheit, der, obgleich unter sehr einschränkenden Gesetzen, noch übrig ist, wohl angetroffen werden, wenn jener immer gefürchtete Krieg selbst den Oberhäuptern der Staaten diese Achtung für die Menschheit nicht abnötigte? Man sehe nur Sina an, welches seiner Lage nach wohl etwa einmal einen unvorhergesehenen Überfall, aber keinen mächtigen Feind zu fürchten hat, und in welchem daher alle Spur von Freiheit vertilgt ist. – Auf der Stufe der Kultur also, worauf das menschliche Geschlecht noch steht, ist der Krieg ein unentbehrliches Mittel, diese noch weiter zu bringen; und nur nach einer (Gott weiß wann) vollendeten Kultur würde ein immerwährender Friede für uns heilsam und auch durch jene allein möglich sein. Also sind wir, was diesen Punkt betrifft, an den Übeln doch wohl selbst schuld, über die wir so bittere Klagen erheben; und die heilige Urkunde hat ganz recht, die Zusammenschmelzung der Völker in eine Gesellschaft, und ihre völlige Befreiung von äußerer Gefahr, da ihre Kultur kaum angefangen hatte, als eine Hemmung aller ferneren Kultur und eine Versenkung in unheilbares Verderbnis vorzustellen.

Die zweite Unzufriedenheit der Menschen trifft die Ordnung der Natur in Ansehung der Kürze des Lebens. Man muß sich zwar nur schlecht auf die Schätzung des Werts desselben verstehen, wenn man noch wünschen kann, daß es länger währen solle, als es wirklich dauret; denn das wäre doch nur eine Verlängerung eines mit lauter Mühseligkeiten beständig ringenden Spiels. Aber man mag es einer kindischen Urteilskraft allenfalls nicht verdenken, daß sie den Tod fürchtet, ohne das Leben zu lieben, und, indem es ihr schwer wird, ihr Dasein jeden einzelnen Tag mit leidlicher Zufriedenheit durchzubringen, dennoch der Tage niemals genug hat, diese Plage zu wiederholen. Wenn man aber nur bedenkt, wie viel Sorge um die Mittel zur Hinbringung eines so kurzen Lebens uns quält, wie viel Ungerechtigkeit auf Hoffnung eines künftigen obzwar so wenig daurenden Genusses ausgeübt wird; so muß man vernünftiger Weise glauben: daß, wenn die Menschen in eine Lebensdauer von 800 und mehr Jahren hinaussehen könnten, der Vater vor seinem Sohne, ein Bruder vor dem anderen, oder ein Freund neben dem anderen kaum seines Lebens mehr sicher sein würde, und daß die Laster eines so lange lebenden Menschengeschlechts zu einer Höhe steigen müßten, wodurch sie keines bessern Schicksals würdig sein würden, als in einer allgemeinen Überschwemmung von der Erde vertilgt zu werden (V. 12, 13).

Der dritte Wunsch, oder vielmehr die leere Sehnsucht (denn man ist sich bewußt, daß das Gewünschte uns niemals zu Teil werden kann) ist das Schattenbild des von Dichtern so gepriesenen goldenen Zeitalters: wo eine Entledigung von allem eingebildeten Bedürfnisse, das uns die Üppigkeit aufladet, sein soll, eine Genügsamkeit mit dem bloßen Bedarf der Natur, eine durchgängige Gleichheit der Menschen, ein immerwährender Friede unter ihnen, mit einem Worte der reine Genuß eines sorgenfreien, in Faulheit verträumten oder mit kindischem Spiel verändelten Lebens: – eine Sehnsucht, die die Robinsone und die Reisen nach den Südseeinseln so reizend macht, überhaupt aber den Überdruß beweiset, den der denkende Mensch am zivilisierten Leben fühlt, wenn er dessen Wert lediglich im Genusse sucht, und das Gegengewicht der Faulheit dabei in Anschlag bringt, wenn etwa die Vernunft ihn erinnert, dem Leben durch Handlungen einen Wert zu geben. Die Nichtigkeit dieses Wunsches zur Rückkehr in jene Zeit der Einfalt und Unschuld wird hinreichend gezeigt, wenn man durch die obige Vorstellung des ursprünglichen Zustandes belehrt wird: der Mensch könne sich darin nicht erhalten, darum weil er ihm nicht genügt; noch weniger sei er geneigt, jemals wieder in denselben zurückzukehren; so daß er also den gegenwärtigen Zustand der Mühseligkeiten doch immer sich selbst und seiner eigenen Wahl beizumessen habe.

Es ist also dem Menschen eine solche Darstellung seiner Geschichte ersprießlich und dienlich zur Lehre und zur Besserung, die ihm zeigt: da er der Vorschung, wegen der Übel, die ihn drücken, keine Schuld geben müsse; daß er seine eigene Vergehung auch nicht einem ursprünglichen Verbrechen seiner Stammeltern zuzuschreiben berechtigt sei, wodurch etwa ein Hang zu ähnlichen Übertretungen in der Nachkommenschaft erblich geworden wäre (denn willkürliche Handlungen können nichts Anerbendes bei sich führen); sondern daß er das von jenen Geschehene mit vollem Rechte als von ihm selbst getan anerkennen, und sich also von allen Übeln, die aus dem Mißbrauche seiner Vernunft entspringen, die Schuld gänzlich selbst beizumessen habe, indem er sich sehr wohl bewußt werden kann, er würde sich in denselben Umständen gerade eben so verhalten, und den ersten Gebrauch der Vernunft damit gemacht haben, sie (selbst wider den Wink der Natur) zu mißbrauchen. Die eigentlichen physischen Übel, wenn jener Punkt wegen der moralischen berechtigt ist, können alsdann, in der Gegenrechnung von Verdienst und Schuld, schwerlich einen Überschuß zu unserem Vorteil austragen.

Und so ist der Ausschlag einer durch Philosophie versuchten ältesten Menschengeschichte: Zufriedenheit mit der Vorsehung und dem Gange menschlicher Dinge im Ganzen, der nicht vom Guten anhebend zum Bösen fortgeht, sondern sich vom Schlechtern zum Besseren allmählig entwickelt; zu welchem Fortschritte denn ein jeder an seinem Teile, so viel in seinen Kräften steht, beizutragen durch die Natur selbst berufen ist.

IMMANUEL
KANT

–

ÜBER DEN GEBRAUCH TELEOLOGISCHER PRINZIPIEN IN DER PHILOSOPHIE

ÜBER DEN GEBRAUCH TELEOLOGISCHER PRINZIPIEN IN DER PHILOSOPHIE

Wenn man unter Natur den Inbegriff von allem versteht, was nach Gesetzen bestimmt existiert, die Welt (als eigentlich sogenannte Natur) mit ihrer obersten Ursache zusammengenommen, so kann es die Naturforschung (die im ersten Falle Physik, im zweiten Metaphysik heißt) auf zwei Wegen versuchen, entweder auf dem bloß theoretischen, oder auf dem teleologischen Wege, auf dem letztern aber, als Physik, nur solche Zwecke, die uns durch Erfahrung bekannt werden können, als Metaphysik dagegen, ihrem Berufe angemessen, nur einen Zweck, der durch reine Vernunft fest steht, zu ihrer Absicht gebrauchen. Ich habe anderwärts gezeigt, daß die Vernunft in der Metaphysik auf dem theoretischen Naturwege (in Ansehung der Erkenntnis Gottes) ihre ganze Absicht nicht nach Wunsch erreichen könne, und ihr also nur noch der teleologische übrig sei; so doch, daß nicht die Naturzwecke, die nur auf Beweisgründen der Erfahrung beruhen, sondern ein a priori durch reine praktische Vernunft bestimmt gegebener Zweck (in der Idee des höchsten Guts) den Mangel der unzulänglichen Theorie ergänzen müsse. Eine ähnliche Befugnis, ja Bedürfnis, von einem teleologischen Prinzip auszugehen, wo uns die Theorie verläßt, habe ich in einem kleinen Versuche über die Menschenrassen zu beweisen gesucht. Beide Fälle aber enthalten eine Forderung, der der Verstand sich ungern unterwirft, und die Anlaß genug zum Mißverstande geben kann.

Mit Recht ruft die Vernunft in aller Naturuntersuchung zuerst nach Theorie, und nur später nach Zweckbestimmung. Den Mangel der erstern kann keine Teleologie noch praktische Zweckmäßigkeit ersetzen. Wir bleiben immer unwissend in Ansehung der wirkenden Ursachen, wenn wir gleich die Angemessenheit unserer Voraussetzung mit Endursachen, es sei der Natur oder unsers Willens, noch so einleuchtend machen können. Am meisten scheint diese Klage da gegründet zu sein, wo (wie in jenem metaphysischen Falle) sogar praktische Gesetze vorangehen müssen, um den Zweck allererst anzugeben, dem zum Behuf ich den Begriff einer Ursache zu bestimmen gedenke, der auf solche Art die Natur des Gegenstandes gar nichts anzugehen, sondern bloß eine Beschäftigung mit unsern eignen Absichten und Bedürfnissen zu sein scheint.

Es hält allemal schwer, sich in Prinzipien zu einigen, in solchen Fällen, wo die Vernunft ein doppeltes, sich wechselseitig einschränkendes Interesse hat. Aber es ist so gar schwer, sich über die Prinzipien dieser Art auch nur zu verstehen, weil sie die Methode zu denken vor der Bestimmung des Objekts betreffen, und einander widerstreitende Ansprüche der Vernunft den Gesichtspunkt zweideutig machen, aus dem man seinen Gegenstand zu betrachten hat. In der gegenwärtigen Zeitschrift sind zwei meiner Versuche, über zweierlei sehr verschiedene Gegenstände und von sehr ungleicher Erheblichkeit, einer scharfsinnigen Prüfung unterworfen worden. In einer bin ich nicht verstanden worden, ob ich es zwar erwartete, in der andern aber über alle Erwartung wohl verstanden worden; beides von Männern von vorzüglichem Talente, jugendlicher Kraft und aufblühendem Ruhme. In jener geriet ich in Verdacht, als wollte ich eine Frage der physischen Naturforschung durch Urkunden der Religion beantworten: in der andern wurde ich von dem Verdachte befreiet, als wollte ich, durch den Beweis der Unzulänglichkeit einer metaphysischen Naturforschung, der Religion Abbruch tun. In beiden gründet sich die Schwierigkeit, verstanden zu werden, auf der noch nicht genug ins Licht gestellten Befugnis, sich, wo theoretische Erkenntnisquellen nicht zulangen, des teleologischen Prinzips bedienen zu dürfen, doch mit einer solchen Beschränkung seines Gebrauchs, daß der theoretisch-spekulativen Nachforschung das Recht des Vortritts gesichert wird, um zuerst ihr ganzes Vermögen daran zu versuchen (wobei in der metaphysischen von der reinen Vernunft mit Recht gefordert wird, daß sie dieses, und überhaupt ihre Anmaßung, über irgend etwas zu entscheiden, vorher rechtfertige, dabei aber ihren Vermögenszustand vollständig aufdecke, um auf Zutrauen rechnen zu dürfen), imgleichen, daß, im Fortgange, diese Freiheit ihr jederzeit unbenommen bleibe. Ein großer Teil der Mißhelligkeit beruht hier auf der Besorgnis des Abbruchs, womit die Freiheit des Vernunftgebrauchs bedrohet werde; wenn diese gehoben wird, so glaube ich die Hindernisse der Einhelligkeit leicht wegräumen zu können.

Wider eine in der Berl. M. S. November 1785 eingerückte Erläuterung meiner vorlängst geäußerten Meinung, über den Begriff und den Ursprung der Menschenrassen, trägt der Herr Geheime-Rat Georg Forster im Teutschen Merkur Oktober und November 1786 Einwürfe vor, die, wie mich dünkt, bloß aus dem Mißverstande des Prinzips, wovon ich ausgehe, herrühren. Zwar findet es der berühmte Mann gleich anfangs mißlich, vorher ein Prinzip festzusetzen, nach welchem sich der Naturforscher sogar im Suchen und Beobachten solle leiten lassen, und vornehmlich ein solches, was die Beobachtung auf eine dadurch zu befördernde Naturgeschichte, zum Unterschiede von der bloßen Naturbeschreibung, richtete, so wie diese Unterscheidung selbst, unstatthaft. Allein diese Mißhelligkeit läßt sich leicht heben.

Was die erste Bedenklichkeit betrifft, so ist wohl ungezweifelt gewiß, daß durch bloßes empirisches Herumtappen ohne ein leitendes Prinzip, wornach man zu suchen habe, nichts Zweckmäßiges jemals würde gefunden werden; denn Erfahrung methodisch anstellen, heißt allein beobachten. Ich danke für den bloß empirischen Reisenden und seine Erzählung, vornehmlich, wenn es um eine zusammenhängende Erkenntnis zu tun ist, daraus die Vernunft etwas zum Behuf einer Theorie machen soll. Gemeiniglich antwortet er, wenn man wonach frägt: ich hätte das wohl bemerken können, wenn ich gewußt hätte, daß man darnach fragen würde. Folgt doch Herr F. selbst der Leitung des Linnéischen Prinzips der Beharrlichkeit des Charakters der Befruchtungsteile an Gewächsen, ohne welches die systematische Naturbeschreibung des Pflanzenreichs nicht so rühmlich würde geordnet und erweitert worden sein. Daß manche so unvorsichtig sind, ihre Ideen in die Beobachtung selbst hineinzutragen (und, wie es auch wohl dem großen Naturkenner selbst widerfuhr, die Ähnlichkeit jener Charaktere, gewissen Beispielen zufolge, für eine Anzeige der Ähnlichkeit der Kräfte der Pflanzen zu halten), ist leider sehr wahr, so wie die Lektion für rasche Vernünftler (die uns beide vermutlich nichts angeht) ganz wohl gegründet; allein dieser Mißbrauch kann die Gültigkeit der Regel doch nicht aufheben.

Was aber den bezweifelten, ja gar schlechthin verworfenen Unterschied zwischen Naturbeschreibung und Naturgeschichte betrifft, so würde, wenn man unter der letzteren eine Erzählung von Naturbegebenheiten, wohin keine menschliche Vernunft reicht, z. B. das erste Entstehen der Pflanzen und Tiere verstehen wollte, eine solche freilich, wie Hr. F. sagt, eine Wissenschaft für Götter, die gegenwärtig, oder selbst Urheber waren, und nicht für Menschen sein. Allein nur den Zusammenhang gewisser jetziger Beschaffenheiten der Naturdinge mit ihren Ursachen in der ältern Zeit nach Wirkungsgesetzen, die wir nicht erdichten, sondern aus den Kräften der Natur, wie sie sich uns jetzt darbietet, ableiten, nur bloß so weit zurück verfolgen, als es die Analogie erlaubt, das wäre Naturgeschichte, und zwar eine solche, die nicht allein möglich, sondern auch, z. B. in den Erdtheorien (worunter des berühmten Linné seine auch ihren Platz findet), von gründlichen Naturforschern häufig genug versucht worden ist, sie mögen nun viel oder wenig damit ausgerichtet haben. Auch gehört selbst des Herrn F. Mutmaßung, von ersten Ursprunge des Negers gewiß, nicht zur Naturbeschreibung, sondern nur zur Naturgeschichte. Dieser Unterschied ist in der Sachen Beschaffenheit gelegen, und ich verlange dadurch nichts Neues, sondern bloß die sorgfältige Absonderung des einen Geschäftes vom andern, weil sie ganz heterogen sind, und, wenn die eine (die Naturbeschreibung), als Wissenschaft, in der ganzen Pracht eines großen Systems erscheint, die andere (die Naturgeschichte) nur Bruchstücke, oder wankende Hypothesen, aufzeigen kann. Durch diese Absonderung und Darstellung der zweiten, als einer eigenen, wenn gleich für jetzt (vielleicht auch auf immer) mehr im Schattenrisse als im Werk ausführbaren Wissenschaft (in welcher für die meisten Fragen ein Vacat angezeichnet gefunden werden möchte), hoffe ich das zu bewirken, daß man sich nicht mit vermeintlicher Einsicht auf die eine etwas zu gute tue, was eigentlich bloß der andern angehört, und den Umfang der wirklichen Erkenntnisse in der Naturgeschichte (denn einige derselben besitzt man), zugleich auch die in der Vernunft selbst liegende Schranken derselben, samt den Prinzipien, wonach sie auf die bestmögliche Art zu erweitern wäre, bestimmter kennen lerne. Man muß mir diese Peinlichkeit schon zu gute halten, da ich so manches Unheil aus der Sorglosigkeit, die Grenzen der Wissenschaften in einander laufen zu lassen, in anderen Fällen erfahren, und, nicht eben zu jedermanns Wohlgefallen, angezeigt habe; überdem hiebei völlig überzeugt worden bin, daß durch die bloße Scheidung des Ungleichartigen, welches man vorher im Gemenge genommen hatte, den Wissenschaften oft ein ganz neues Licht aufgehe, wobei zwar manche Armseligkeit aufgedeckt wird, die sich vorher hinter fremdartigen Kenntnissen verstecken konnte, aber auch viele echte Quellen der Erkenntnis eröffnet werden, wo man sie gar nicht hätte vermuten sollen. Die größte Schwierigkeit bei dieser vermeintlichen Neuerung liegt bloß im Namen. Das Wort Geschichte in der Bedeutung, da es einerlei mit dem griechischen Historia (Erzählung, Beschreibung) ausdrückt, ist schon zu sehr und zu lange im Gebrauche, als daß man sich leicht gefallen lassen sollte, ihm eine andere Bedeutung, welche die Naturforschung des Ursprungs bezeichnen kann, zuzugestehen; zumal, da es auch nicht ohne Schwierigkeit ist, ihm in der letzteren einen andern anpassenden technischen Ausdruck auszufinden.* Doch die Sprachschwierigkeit im Unterscheiden kann den Unterschied der Sachen nicht aufheben. Vermutlich ist eben dergleichen Mißhelligkeit, wegen einer, obwohl unvermeidlichen Abweichung von klassischen Ausdrücken, auch bei dem Begriffe einer Rasse die Ursache der Veruneinigung über die Sache selbst gewesen. Es ist uns hier widerfahren, was Sterne bei Gelegenheit eines physiognomischen Streits, der, nach seinen launichten Einfällen, alle Fakultäten der Straßburgischen Universität in Aufruhr versetzte, sagt: Die Logiker würden die Sache entschieden haben, wären sie nur nicht auf eine Definition gestoßen. Was ist eine Rasse? Das Wort steht gar nicht in einem System der Naturbeschreibung, vermutlich ist also auch das Ding selber überall nicht in der Natur. Allein der Begriff, den dieser Ausdruck bezeichnet, ist doch in der Vernunft eines jeden Beobachters der Natur gar wohl gegründet, der zu einer sich vererbenden Eigentümlichkeit verschiedener vermischt zeugenden Tiere, die nicht in dem Begriffe ihrer Gattung liegt, eine Gemeinschaft der Ursache, und zwar einer in dem Stamme der Gattung selbst ursprünglich gelegenen Ursache, denkt. Daß dieses Wort nicht in der Naturbeschreibung (sondern an dessen Statt das der Varietät) vorkommt, kann ihn nicht abhalten, es in Absicht auf Naturgeschichte nötig zu finden. Nur muß er es freilich zu diesem Behuf deutlich bestimmen; und dieses wollen wir hier versuchen.

---

*Ich würde für die Naturbeschreibung das Wort Physiographie, für Naturgeschichte aber Physiogonie in Vorschlag bringen.

Der Name einer Rasse, als radikaler Eigentümlichkeit, die auf einen gemeinschaftlichen Abstamm Anzeige gibt, und zugleich mehrere solche beharrliche forterbende Charaktere, nicht allein derselben Tiergattung, sondern auch desselben Stammes, zuläßt, ist nicht unschicklich ausgedacht. Ich würde ihn durch Abartung (progenies classifica) übersetzen, um eine Rasse von der Ausartung (degeneratio s. progenies specifica)*zu unterscheiden, die man nicht einräumen kann, weil sie dem Gesetz der Natur (in der Erhaltung ihrer Spezies in unveränderlicher Form) zuwider läuft. Das Wort progenies zeigt an, daß es nicht ursprüngliche, durch so vielerlei Stämme, als Spezies derselben Gattung ausgeteilte, sondern sich allererst in der Folge der Zeugungen entwickelnde Charaktere, mithin nicht verschiedene Arten, sondern Abartungen, aber doch so bestimmt und beharrlich sind, daß sie zu einem Klassenunterschiede berechtigen.

Nach diesen Vorbegriffen würde die Menschengattung (nach dem allgemeinen Kennzeichen derselben in der Naturbeschreibung genommen) in einem System der Naturgeschichte in Stamm (oder Stämme), Rassen oder Abartungen (progenies classificae), und verschiedenen Menschenschlag (varietates nativae) abgeteilt werden können, welche letztere nicht unausbleibliche, nach einem anzugebenden Gesetze sich vererbende, also auch nicht zu einer Klasseneinteilung hinreichende Kennzeichen enthalten würde. Alles dieses ist aber so lange bloße Idee von der Art, wie die größte Mannigfaltigkeit in der Zeugung mit der größten Einheit der Abstammung von der Vernunft zu vereinigen sei. Ob es wirklich eine solche Verwandtschaft in der Menschengattung gebe, müssen die Beobachtungen, welche die Einheit der Abstammung kenntlich machen, entscheiden. Und hier sieht man deutlich: daß man durch ein bestimmtes Prinzip geleitet werden müsse, um bloß zu beobachten,

---

*Die Benennungen der classes und ordines drücken ganz unzweideutig eine bloß logische Absonderung aus, die die Vernunft unter ihren Begriffen, zum Behuf der bloßen Vergleichung macht: genera und species aber können auch die physische Absonderung bedeuten, die die Natur selbst unter ihren Geschöpfen in Ansehung ihrer Erzeugung macht. Der Charakter der Rasse kann also hinreichen, um Geschöpfe darnach zu klassifizieren, aber nicht, um eine besondere Spezies daraus zu machen, weil diese auch eine absonderliche Abstammung bedeuten könnte, welche wir unter dem Namen einer Rasse nicht verstanden wissen wollen. Es versteht sich von selbst, daß wir hier das Wort Klasse nicht in der ausgedehnten Bedeutung nehmen, als es im Linnéischen System genommen wird; wir brauchen es aber auch zur Einteilung in ganz anderer Absicht.

d. i. auf dasjenige Acht zu geben, was Anzeige auf die Abstammung, nicht bloß der Charakteren-Ähnlichkeit geben könne, weil wir es alsdann mit einer Aufgabe der Naturgeschichte, nicht der Naturbeschreibung und bloß methodischen Benennung, zu tun haben. Hat jemand nicht nach jenem Prinzip seine Nachforschung angestellt, so muß er noch einmal suchen; denn von selbst wird sich ihm das nicht darbieten, was er bedarf, um, ob es eine reale oder bloße Nominalverwandtschaft unter den Geschöpfen gebe, auszumachen.

Von der Verschiedenheit des ursprünglichen Stammes kann es keine sichere Kennzeichen geben, als die Unmöglichkeit, durch Vermischung zweier erblich verschiedenen Menschenabteilungen fruchtbare Nachkommenschaft zu gewinnen. Gelingt dieses aber, so ist die noch so große Verschiedenheit der Gestalt keine Hindernis, eine gemeinschaftliche Abstammung derselben wenigstens möglich zu finden; denn so wie sie sich, unerachtet dieser Verschiedenheit, doch durch Zeugung in ein Produkt, das beider Charaktere enthält, vereinigen können: so haben sie sich aus einem Stamme, der die Anlagen zur Entwicklung beider Charaktere ursprünglich in sich verbarg, durch Zeugung in so viel Rassen teilen können; und die Vernunft wird ohne Not nicht von zwei Prinzipien ausgehen, wenn sie mit einem auslangen kann. Das sichere Kennzeichen erblicher Eigentümlichkeiten aber, als der Merkmale eben so vieler Rassen, ist schon angeführt worden. Jetzt ist noch etwas von den erblichen Varietäten anzumerken, welche zur Benennung eines oder andern Menschenschlags (Familien- und Volksschlags) Anlaß geben.

Eine Varietät ist die erbliche Eigentümlichkeit, die nicht klassifisch ist, weil sie sich nicht unausbleiblich fortpflanzt; denn eine solche Beharrlichkeit des erblichen Charakters wird erfordert, um selbst für die Naturbeschreibung nur zur Klasseneinteilung zu berechtigen. Eine Gestalt, die in der Fortpflanzung nur bisweilen den Charakter der nächsten Eltern und zwar mehrentheils nur einseitig (Vater oder Mutter nachartend) reproduziert, ist kein Merkmal, daran man den Abstamm von beiden Eltern kennen kann, z. B. den Unterschied der Blonden und Brunetten. Eben so ist die Rasse, oder Abartung, eine unausbleibliche erbliche Eigentümlichkeit, die zwar zur Klasseneinteilung berechtigt, aber doch nicht spezifisch ist, weil die unausbleiblich halbschlächtige Nachartung (also das Zusammenschmelzen der Charaktere ihrer Unterscheidung) es wenigstens nicht als unmöglich urteilen läßt, ihre angeerbte Verschiedenheit auch in ihrem Stamme uranfänglich, als in bloßen Anlagen vereinigt und nur in der Fortpflanzung allmählich entwickelt und geschieden, anzusehen. Denn man kann ein Tiergeschlecht nicht zu einer besondern Spezies machen, wenn es mit einem anderen zu einem und demselben Zeugungssystem der Natur gehört. Also würde in der Naturgeschichte Gattung und Spezies einerlei, nämlich die nicht mit einem gemeinschaftlichen Abstamme vereinbare Erbeigentümlichkeit, bedeuten. Diejenige aber, die damit zusammen bestehen kann, ist entweder notwendig erblich, oder nicht. Im erstern Fall macht es den Charakter der Rasse, im andern der Varietät aus.

Von dem, was in der Menschengattung Varietät genannt werden kann, merke ich hier nun an, daß man auch in Ansehung dieser die Natur nicht als in voller Freiheit bildend, sondern eben sowohl, als bei den Rassen-Charakteren, sie nur als entwickelnd und auf dieselbe durch ursprüngliche Anlagen vorausbestimmt anzusehen habe; weil auch in dieser Zweckmäßigkeit und derselben gemäße Abgemessenheit angetroffen wird, die kein Werk des Zufalls sein kann. Was schon Lord Shaftsbury anmerkte, nämlich, daß in jedem Menschengesichte eine gewisse Originalität (gleichsam ein wirkliches Dessein) angetroffen werde, welche das Individuum als zu besonderen Zwecken, die es nicht mit anderen gemein hat, bestimmt auszeichnet, obzwar diese Zeichen zu entziffern über unser Vermögen geht, das kann ein jeder Portraitmaler, der über seine Kunst denkt, bestätigen. Man sieht einem nach dem Leben gemalten und wohlausgedrückten Bilde die Wahrheit an, d. i. daß es nicht aus der Einbildung genommen ist. Worin besteht aber diese Wahrheit? Ohne Zweifel in einer bestimmten Proportion eines der vielen Teile des Gesichts zu allen anderen, um einen individuellen Charakter, der einen dunkel vorgestellten Zweck enthält, auszudrücken. Kein Teil des Gesichts, wenn er uns auch unproportioniert scheint, kann in der Schilderei mit Beibehaltung der übrigen, abgeändert werden, ohne dem Kennerauge, ob er gleich das Original nicht gesehen hat, in Vergleichung mit dem von der Natur kopierten Portrait, sofort merklich zu machen, welches von beiden die lautere Natur und welches Erdichtung enthalte. Die Varietät unter Menschen von eben derselben Rasse ist, aller Wahrscheinlichkeit nach, eben so zweckmäßig in dem ursprünglichen Stamme belegen gewesen, um die größte Mannigfaltigkeit zum Behuf unendlich verschiedener Zwecke, als der Rassenunterschied, um die Tauglichkeit zu weniger, aber wesentlichern Zwecken, zu gründen und in der Folge zu entwickeln; wobei doch der Unterschied obwaltet, daß die letztern Anlagen, nachdem sie sich einmal entwickelt haben (welches schon in der ältesten Zeit geschehen sein muß), keine neue Formen dieser Art weiter entstehen, noch auch die alte erlöschen lassen; dagegen die erstere, wenigstens unserer Kenntnis nach, eine an neuen Charakteren (äußeren sowohl als innern) unerschöpfliche Natur anzuzeigen scheinen.

In Ansehung der Varietäten scheint die Natur die Zusammenschmelzung zu verhüten, weil sie ihrem Zwecke, nämlich der Mannigfaltigkeit der Charaktere, entgegen ist; dagegen sie, was die Rassenunterschiede betrifft, dieselbe (nämlich Zusammenschmelzung) wenigstens verstattet, wenn gleich nicht begünstigt, weil dadurch das Geschöpf für mehrere Klimate tauglich wird, obgleich keinem derselben in dem Grade angemessen, als die erste Anartung an dasselbe es gemacht hatte. Denn was die gemeine Meinung betrifft, nach welcher Kinder (von unserer Klasse der Weißen) die Kennzeichen, die zur Varietät gehören (als Statur, Gesichtsbildung, Hautfarbe), selbst manche Gebrechen (innere sowohl als äußere), von ihren Eltern auf die Halbscheid ererben sollen (wie man sagt: das hat das Kind vom Vater, das hat es von der Mutter), so kann ich. nach genauer Aufmerksamkeit auf den Familienschlag, ihr nicht beitreten. Sie arten, wenn gleich nicht Vater oder Mutter nach, doch entweder in des einen oder der andern Familie unvermischt ein; und, obzwar der Abscheu wider die Vermischungen der zu nahe Verwandten wohl großenteils moralische Ursachen haben, ingleichen die Unfruchtbarkeit derselben nicht genug bewiesen sein mag: so gibt doch seine weite Ausbreitung, selbst bis zu rohen Völkern, Anlaß zur Vermutung, daß der Grund dazu auf entfernte Art in der Natur selbst gelegen sei, welche nicht will, daß immer die alten Formen wieder reproduziert werden, sondern alle Mannigfaltigkeit herausgebracht werden soll, die sie in die ursprüngliche Keime des Menschenstamms gelegt hatte. Ein gewisser Grad der Gleichförmigkeit, der sich in einem Familien- oder sogar Volksschlage hervorfindet, darf auch nicht der halbschlächtigen Anartung ihrer Charaktere (welche meiner Meinung nach in Ansehung der Varietäten gar nicht statt findet) zugeschrieben werden. Denn das Übergewicht der Zeugungskraft des einen oder andern Teils verehlichter Personen, da bisweilen fast alle Kinder in den väterlichen, oder alle in den mütterlichen Stamm einschlagen, kann, bei der anfänglich großen Verschiedenheit der Charaktere, durch Wirkung und Gegenwirkung, nämlich dadurch, daß die Nachartungen auf der einen Seite immer seltener werden, die Mannigfaltigkeit vermindern und eine gewisse Gleichförmigkeit (die nur fremden Augen sichtbar ist) hervorbringen. Doch das ist nur meine beiläufige Meinung, die ich dem beliebigen Urteile des Lesers Preis gebe. Wichtiger ist, daß bei andern Tieren fast alles, was man an ihnen Varietät nennen möchte (wie die Größe, die Hautbeschaffenheit etc.), halbschlächtig anartet, und dieses, wenn man den Menschen, wie billig, nach der Analogie mit Tieren (in Absicht auf die Fortpflanzung) betrachtet, einen Einwurf wider meinen Unterschied der Rassen von Varietäten zu enthalten scheint. Um hierüber zu urteilen, muß man schon einen höheren Standpunkt der Erklärung dieser Natureinrichtung nehmen, nämlich den, daß vernunftlose Tiere, deren Existenz bloß als Mittel einen Wert haben kann, darum zu verschiedenem Gebrauche verschiedentlich schon in der Anlage (wie die verschiedenen Hunderassen, die nach Buffon von dem gemeinschaftlichen Stamme des Schäferhundes abzuleiten sind) ausgerüstet sein mußten; dagegen die größere Einhelligkeit des Zwecks in der Menschengattung so große Verschiedenheit anartender Naturformen nicht erheischte; die notwendig anartende also nur auf die Erhaltung der Spezies in einigen wenigen von einander vorzüglich unterschiedenen Klimaten angelegt sein durften. Jedoch, da ich nur den Begriff der Rassen habe verteidigen wollen, so habe ich nicht nötig, mich wegen des Erklärungsgrundes der Varietäten zu verbürgen.

Nach Aufhebung dieser Sprachuneinigkeit, die öfters an einem Zwiste mehr Schuld ist, als die in Prinzipien, hoffe ich nun weniger Hindernis wider die Behauptung meiner Erklärungsart anzutreffen. Herr F. ist darin mit mir einstimmig, daß er wenigstens eine erbliche Eigentümlichkeit unter den verschiedenen Menschengestalten, nämlich die der Neger und der übrigen Menschen, groß genug findet, um sie nicht für bloßes Naturspiel und Wirkung zufälliger Eindrücke zu halten, sondern dazu ursprünglich dem Stamme einverleibte Anlagen, und spezifische Natureinrichtung fordert. Diese Einhelligkeit unserer Begriffe ist schon wichtig, und macht auch in Ansehung der beiderseitigen Erklärungsprinzipien Annäherung möglich; anstatt daß die gemeine seichte Vorstellungsart, alle Unterschiede unserer Gattung auf gleichen Fuß, nämlich den des Zufalls, zu nehmen, und sie noch immer entstehen und vergehen zu lassen, wie äußere Umstände es fügen, alle Untersuchungen dieser Art für überflüssig und hiemit selbst die Beharrlichkeit der Spezies in derselben zweckmäßigen Form für nichtig erklärt. Zwei Verschiedenheiten unserer Begriffe bleiben nur noch, die aber nicht so weit aus einander sind, um eine nie beizulegende Mißhelligkeit notwendig zu machen: die erste ist, daß gedachte erbliche Eigentümlichkeiten, nämlich die der Neger zum Unterschiede von allen andern Menschen, die einzigen sind, welche für ursprünglich eingepflanzt gehalten zu werden verdienen sollen; da ich hingegen noch mehrere (die der Indier und Amerikaner, zu der der Weißen hinzugezählt) zur vollständigen klassifischen Einteilung eben sowohl berechtigt zu sein urteile: die zweite Abweichung, welche aber nicht so wohl die Beobachtung (Naturbeschreibung) als die anzunehmende Theorie (Naturgeschichte) betrifft, ist: daß Hr. F. zum Behuf der Erklärung dieser Charaktere zwei ursprüngliche Stämme nötig findet; da nach meiner Meinung (der ich sie mit Hrn. F. gleichfalls für ursprüngliche Charaktere halte), es möglich, und dabei der philosophischen Erklärungsart angemessener ist, sie als Entwickelung in einem Stamme eingepflanzter zweckmäßiger erster Anlagen anzusehen; welches denn auch keine so große Zwistigkeit ist, daß die Vernunft sich nicht hierüber ebenfalls die Hand böte, wenn man bedenkt, daß der physische erste Ursprung organischer Wesen uns beiden, und überhaupt der Menschenvernunft unergründlich bleibt, eben so wohl als das halbschlächtige Anarten in der Fortpflanzung derselben. Da das System der gleich anfangs getrennten und in zweierlei Stämmen isolierten, gleichwohl aber nachher in der Vermischung der vorher abgesonderten, einträchtig wieder zusammenschmelzenden Keime nicht die mindeste Erleichterung für die Begreiflichkeit durch Vernunft mehr verschafft, als das der in einem und demselben Stamme ursprünglich eingepflanzten verschiedenen, sich in der Folge zweckmäßig für die erste allgemeine Bevölkerung entwickelnden Keime; und die letztere Hypothese dabei noch den Vorzug der Ersparnis verschiedener Lokalschöpfungen bei sich führt; da ohnedem an Ersparnis teleologischer Erklärungsgründe, um sie durch physische zu ersetzen, bei organisierten Wesen, in dem, was die Erhaltung ihrer Art angeht, gar nicht zu denken ist, und die letztere Erklärungsart also der Naturforschung keine neue Last auflegt, über die, welche sie ohnedem niemals los werden kann, nämlich hierin lediglich dem Prinzip der Zwecke zu folgen; da auch Hr. F. eigentlich nur durch die Entdeckungen seines Freundes, des berühmten und philosophischen Zergliederers, Hrn. Sömmering, bestimmt worden, den Unterschied der Neger von andern Menschen erheblicher zu finden, als es denen wohl gefallen möchte, die gern alle erbliche Charaktere ineinander verwischen, und sie als bloße zufällige Schattierungen ansehen möchten, und dieser vortreffliche Mann, der sich für die vollkommene Zweckmäßigkeit der Negerbildung in Betreff seines Mutterlandes erklärt,[*] indessen daß doch in dem Knochenbau des Kopfs eine begreiflichere Angemessenheit mit dem Klima eben nicht abzusehen ist, als in der Organisation der Haut, diesem großen Absonderungswerkzeuge alles dessen, was aus dem Blute abgeführt werden soll, – folglich er diese von der ganzen übrigen ausgezeichneten Natureinrichtung derselben (wovon die Hautbeschaffenheit ein wichtiges Stück ist) zu verstehen scheint, und jene nur zu ihrem deutlichsten Wahrzeichen für den Anatomiker aufstellt: so wird Hr. F. hoffentlich, wenn bewiesen ist, daß es noch andere sich eben so beharrlich vererbende, nach den Abstufungen des Klima gar nicht in einander fließende, sondern scharf abgeschnit-

---

*Sömmering über die körperliche Verschiedenheit des Negers vom Europäer. S. 79. »Man findet am Bau des Negers Eigenschaften, die ihn für sein Klima zum vollkommensten, vielleicht zum vollkommenern Geschöpf, als den Europäer machen.« Der vortreffliche Mann bezweifelt (in derselben Schrift § 44) D. Schotts Meinung von der zu besserer Herauslassung schädlicher Materien geschickter organisierten Haut der Negern. Allein wenn man Linds (von den Krankheiten der Europäer etc.) Nachrichten über die Schädlichkeit der durch sumpfichte Waldungen phlogistisierten Luft um den Gambiastrom, welche den englischen Matrosen so geschwinde tödlich wird, in der gleichwohl die Neger als in ihrem Elemente leben, damit verbindet, so bekommt jene Meinung doch viele Wahrscheinlichkeit.

tene Eigentümlichkeiten, in weniger Zahl, gibt, ob sie gleich ins Fach der Zergliederungskunst nicht einschlagen, – nicht abgeneigt sein, ihnen einen gleichen Anspruch auf besondere ursprüngliche, zweckmäßig dem Stamme eingepflanzte Keime zuzugestehen. Ob aber der Stämme darum mehrere, oder nur ein gemeinschaftlicher anzunehmen nötig sei, darüber würden wir hoffentlich zuletzt noch wohl einig werden können.

Es würden also nur die Schwierigkeiten zu heben sein, die Hrn. F. abhalten, meiner Meinung, nicht sowohl in Ansehung des Prinzips, als vielmehr der Schwierigkeit, es allen Fällen der Anwendung gehörig anzupassen, beizutreten. In dem ersten Abschnitte seiner Abhandlung, Oktober 1786, S. 70, führt Hr. F. eine Farbenleiter der Haut durch, von den Bewohnern des nördlichen Europa über Spanien, Ägypten, Arabien, Abessinien, bis zum Äquator, von da aber wieder, in umgekehrter Abstufung, mit der Fortrückung in die temperierte südliche Zone, über die Länder der Kaffern und Hottentotten, (seiner Meinung nach) mit einer dem Klima der Länder so proportionierten Gradfolge der Braunen bis ins Schwarze und wiederum zurück (wobei er, wiewohl ohne Beweis, annimmt, daß aus Nigritien hervorgegangene Kolonien, die sich gegen die Spitze von Afrika gezogen, allmählig, bloß durch die Wirkung des Klima, in Kaffern und Hottentotten verwandelt sind), daß es ihn Wunder nimmt, wie man noch hierüber habe wegsehen können. Man muß sich aber billig noch mehr wundern, wie man über das bestimmt genug, und mit Grunde allein für entscheidend zu haltende Kennzeichen der unausbleiblich halbschlächtigen Zeugung, darauf hier doch alles ankommt, hat wegsehen können. Denn weder der nordlichste Europäer in der Vermischung mit denen von spanischem Blute, noch der Mauritanier oder Araber (vermutlich auch der mit ihm nahe verwandte Habessinier) in Vermischung mit zirkassischen Weibern, sind diesem Gesetze im mindesten unterworfen. Man hat auch nicht Ursache, ihre Farbe, nachdem das, was die Sonne ihres Landes jedem Individuum der letzteren eindrückt, bei Seite gesetzt worden, für etwas anderes als die Brünette unter dem weißen Menschenschlag zu urteilen. Was aber das Negerähnliche der Kaffern, und, im mindern Grade, der Hottentotten in demselben Weltteile betrifft, welche vermutlich den Versuch der halbschlächtigen Zeugung bestehen würden: so ist im höchsten Grade wahrscheinlich, daß diese nichts anders als Bastarderzeugungen eines Negervolks mit denen von der ältesten Zeit her diese Küste besuchenden Arabern sein mögen. Denn woher findet sich nicht dergleichen angebliche Farbenleiter auch auf der Westküste von Afrika, wo vielmehr die Natur vom brunetten Araber oder Mauritanier zu den schwärzesten Negern am Senegal einen plötzlichen Sprung macht, ohne vorher die Mittelstraße der Kaffern durchgegangen zu sein? Hiemit fällt auch der Seite 74 vorgeschlagene und zum voraus entschiedene Probeversuch weg, der die Verwerflichkeit meines Prinzips beweisen soll, nämlich, daß der schwarzbraune Habessinier, mit einer Kafferin vermischt, der Farbe nach keinen Mittelschlag geben würde, weil beider Farbe einerlei, nämlich schwarzbraun, ist. Denn nimmt Hr. F. an: daß die braune Farbe des Habessiniers, in der Tiefe, wie sie die Kaffern haben, ihm angeboren sei, und zwar so, daß sie in vermischter Zeugung mit einer Weißen notwendig eine Mittelfarbe geben müßte: so würde der Versuch freilich so ausschlagen, wie Hr. F. will; er würde aber auch nichts gegen mich beweisen, weil die Verschiedenheit der Rassen doch nicht nach dem beurteilt wird, was an ihnen einerlei, sondern was an ihnen verschieden ist. Man würde nur sagen können, daß es auch tiefbraune Rassen gäbe, die sich vom Neger oder seinem Abstamme in andern Merkmalen (zum Beispiel dem Knochenbau) unterscheiden; denn in Ansehung deren allein würde die Zeugung einen Blendling geben, und meine Farbenliste würde nur um eine vermehrt werden. Ist aber die tiefe Farbe, die der in seinem Lande erwachsene Habessinier an sich trägt, nicht angeerbt, sondern nur, etwa wie die eines Spaniers, der in demselben Lande von klein auf erzogen wäre: so würde seine Naturfarbe ohne Zweifel mit der der Kaffern einen Mittelschlag der Zeugung geben, der aber, weil der zufällige Anstrich durch die Sonne hinzukommt, verdeckt werden und ein gleichartiger Schlag (der Farbe nach) zu sein scheinen würde. Also beweiset dieser projektierte Versuch nichts wider die Tauglichkeit der notwendig-erblichen Hautfarbe zu einer Rassenunterscheidung, sondern nur die Schwierigkeit, dieselbe, so fern sie angeboren ist, an Orten richtig bestimmen zu können, wo die Sonne sie noch mit zufälliger Schminke überdeckt, und bestätigt die Rechtmäßigkeit meiner Forderung, Zeugungen von denselben Eltern im Auslande zu diesem Behuf vorzuziehen.

Von den letzteren haben wir nun ein entscheidendes Beispiel an der indischen Hautfarbe eines seit einigen Jahrhunderten in unsern nordischen Ländern sich fortpflanzenden Völkchens, nämlich den Zigeunern. Daß sie ein indisches Volk sind, beweiset ihre Sprache, unabhängig von ihrer Hautfarbe. Aber diese zu erhalten ist die Natur so hartnäckig geblieben, daß, ob man zwar ihre Anwesenheit in Europa bis auf zwölf Generationen zurück verfolgen kann, sie noch immer so vollständig zum Vorschein kommt, daß, wenn sie in Indien aufwüchsen, zwischen ihnen und den dortigen Landeseingebornen, allem Vermuten nach, gar kein Unterschied angetroffen werden würde. Hier nun zu sagen, daß man noch 12 mal 12 Generationen warten müsse, bis die nordische Luft ihre anerbende Farbe völlig ausgebleicht haben würde, hieße den Nachforscher mit dilatorischen Antworten hinhalten, und Ausflüchte suchen. Ihre Farbe aber für bloße Varietät ausgeben, wie etwa die des brünetten Spaniers gegen den Dänen, heißt das Gepräge der Natur bezweifeln. Denn sie zeugen mit unseren alten Eingebornen unausbleiblich halbschlächtige Kinder, welchem Gesetze die Rasse der Weißen in Ansehung keiner einzigen ihrer charakteristischen Varietäten unterworfen ist.

Aber Seite 155–156 tritt das wichtigste Gegenargument auf, wodurch im Falle wo es gegründet wäre, bewiesen werden würde, daß, wenn man mir auch meine ursprünglichen Anlagen einräumte, die Angemessenheit der Menschen zu ihren Mutterländern, bei ihrer Verbreitung über die Erdfläche damit doch nicht bestehen könne. Es ließe sich, sagt Hr. F., allenfalls noch verteidigen, daß gerade diejenigen Menschen, deren Anlage sich für dieses oder jenes Klima paßt, da oder dort durch eine weise Fügung der Vorsehung geboren würden: aber, fährt er fort, wie ist denn eben diese Vorsehung so kurzsichtig geworden, nicht auf eine zweite Verpflanzung zu denken, wo jener Keim, der nur für ein Klima taugte, ganz zwecklos geworden wäre.

Was den ersten Punkt betrifft, so erinnere man sich, daß ich jene erste Anlagen nicht als unter verschiedene Menschen verteilt – denn sonst wären es so viel verschiedene Stämme geworden, – sondern im ersten Menschenpaare als vereinigt angenommen hatte; und so paßten ihre Abkömmlinge, an denen noch die ganze ursprüngliche

Anlage für alle künftige Abartungen ungeschieden ist, zu allen Klimaten (in potentia), nämlich so, daß sich derjenige Keim, der sie demjenigen Erdstriche, in welchen sie oder ihre frühe Nachkommen geraten würden, angemessen machen würde, daselbst entwickeln könnte. Also bedurfte es nicht einer besonderen weisen Fügung, sie in solche Örter zu bringen, wo ihre Anlagen passten; sondern, wo sie zufälliger Weise hinkamen und lange Zeit ihre Generation fortsetzten, da entwickelte sich der für diese Erdgegend in ihrer Organisation befindliche, sie einem solchen Klima angemessen machende Keim. Die Entwickelung der Anlagen richtete sich nach den Örtern, und nicht, wie es Hr. F. mißversteht, mußten etwa die Örter nach den schon entwickelten Anlagen ausgesucht werden. Dieses alles versteht sich aber nur von der ältesten Zeit, welche lange gnug (zur allmählichen Erdbevölkerung) gewährt haben mag, um allererst einem Volke, das eine bleibende Stelle hatte, die zur Entwickelung seiner derselben angemessenen Anlagen erforderliche Einflüsse des Klima und Bodens zu verschaffen. Aber nun, fährt er fort, wie ist nun derselbe Verstand, der hier so richtig ausrechnete, welche Länder und welche Keime zusammen treffen sollten (sie mußten, nach dem Vorigen, immer zusammentreffen, wenn man auch will, daß sie nicht ein Verstand, sondern nur dieselbe Natur, die die Organisation der Tiere so durchgängig zweckmäßig innerlich eingerichtet hatte, auch für ihre Erhaltung eben so sorgfältig ausgerüstet habe), auf einmal so kurzsichtig geworden, daß er nicht auch den Fall einer zweiten Verpflanzung vorausgesehen? Dadurch wird ja die angeborne Eigentümlichkeit, die nur für ein Klima taugt, gänzlich zwecklos usw.

Was nun diesen zweiten Punkt des Einwurfs betrifft, so räume ich ein, daß jener Verstand, oder, wenn man lieber will, jene von selbst zweckmäßig wirkende Natur, nach schon entwickelten Keimen, auf Verpflanzung in der Tat gar nicht Rücksicht getragen habe, ohne doch deshalb der Unweisheit und Kurzsichtigkeit beschuldigt werden zu dürfen. Sie hat vielmehr, durch ihre veranstaltete Angemessenheit zum Klima, die Verwechselung desselben, vornehmlich des warmen mit dem kältern, verhindert. Denn eben diese üble Anpassung des neuen Himmelsstrichs, zu dem schon angearteten Naturell der Bewohner des alten, hält sie von selbst davon ab. Und wo haben Indier oder Neger sich in nordlichen Gegenden auszubreiten gesucht? – Die aber dahin vertrieben sind, haben in ihrer Nachkommenschaft (wie die kreolischen Neger oder Indier, unter dem Namen der Zigeuner) niemals einen zu ansässigen Landanbauern oder Handarbeitern tauglichen Schlag abgeben wollen.*

Aber eben das, was Hr. F. für eine unüberwindliche Schwierigkeit gegen mein Prinzip hält, wirft in einer gewissen Anwendung das vorteilhafteste Licht auf dieselbe, und löset Schwierigkeiten, wider die keine andere Theorie etwas vermag. Ich nehme an, daß so viele Generationen, von der Zeit des Anfangs der Menschengattung, über die allmählige Entwickelung der zur völligen Anartung an ein Klima in ihr befindlichen Anlagen erforderlich gewesen, und daß darüber die, großenteils durch gewaltsame Naturrevolutionen erzwungene, Verbreitung derselben über den beträchtlichsten Teil der Erde, nur mit

---

*Die letzte Bemerkung wird hier nicht als beweisend angeführt, ist aber doch nicht unerheblich. In Hrn. Sprengels Beiträgen, 5tem Teile, S. 287 – 292, führt ein sachkundiger Mann gegen Ramsays Wunsch, alle Negersklaven als freie Arbeiter zu brauchen, an: daß unter den vielen tausend freigelassenen Negern, die man in Amerika und in England antrifft, er kein Beispiel kenne, daß irgend einer ein Geschäfte treibe, was man eigentlich Arbeit nennen kann, vielmehr, da sie ein leichtes Handwerk, welches sie vormals als Sklaven zu treiben gezwungen waren, alsbald aufgeben, wenn sie in Freiheit kommen, um dafür Höker, elende Gastwirte, Livereibediente, auf den Fischzug oder Jagd ausgehende, mit einem Worte Umtreiber zu werden. Eben das findet man auch an den Zigeunern unter uns. Derselbe Verfasser bemerkt hiebei: daß nicht etwa das nordliche Klima sie zur Arbeit ungeneigt mache; denn sie halten, wenn sie hinter dem Wagen ihrer Herrschaften, oder in den ärgsten Winternächten in den kalten Eingängen der Theater (in England) warten müssen, doch lieber aus, als Dreschen, Graben, Lasten tragen, usw. Sollte man hieraus nicht schließen: daß es, außer dem Vermögen zu arbeiten, noch einen unmittelbaren, von aller Anlockung unabhängigen Trieb zur Tätigkeit (vornehmlich der anhaltenden, die man Emsigkeit nennt) gebe, der mit gewissen Naturanlagen besonders verwebt ist, und daß Indier sowohl als Neger nicht mehr von diesem Antriebe in andere Klimaten mitbringen und vererben, als sie für ihre Erhaltung in ihrem alten Mutterlande bedurften und von der Natur empfangen hatten, und daß diese innere Anlage eben so wenig erlösche, als die äußerlich sichtbare. Die weit mindern Bedürfnisse aber in jenen Ländern, und die wenige Mühe, die es erfordert, sich auch nur diese zu verschaffen, erfordern keine größern Anlagen zur Tätigkeit. – Hier will ich noch etwas aus Marsdens gründlicher Beschreibung von Sumatra (Siehe Sprengels Beiträge 6ter Teil S. 198 – 199) anführen. »Die Farbe ihrer (der Rejangs) Haut ist gewöhnlich gelb, ohne die Beimischung von Rot, welche die Kupferfarbe hervorbringt. Sie sind beinahe durchgängig etwas heller von Farbe als die Mestizen in andern Gegenden von Indien. Die weiße Farbe der Einwohner von Sumatra, in Vergleichung mit andern Völkern eben des Himmelsstrichs, ist meines Erachtens ein starker Beweis, daß die Farbe der Haut keineswegs unmittelbar von dem Klima abhängt. (Eben das sagt er von dort gebornen Kindern der Europäer und Negern in der zweiten Generation, und vermutet, daß die dunklere Farbe der Europäer, die sich hier lange aufgehalten haben, eine Folge der vielen Gallenkrankheiten sei, denen dort alle ausgesetzt sind.) Hier muß ich noch bemerken, daß die Hände der Eingebornen und der Mestizen, unerachtet des heißen Klima, gewöhnlich kalt sind (ein wichtiger Umstand, der Anzeige gibt, daß die eigentümliche Hautbeschaffenheit von keinen oberflächlichen äußeren Ursachen herrühren müsse).«

kümmerlicher Vermehrung der Art, hat geschehen können. Wenn nun auch durch diese Ursachen ein Völkchen der alten Welt aus südlichern Gegenden in die nordlichern getrieben worden: so muß die Anartung – die, um den vorigen angemessen zu werden, vielleicht noch nicht vollendet war – allmählig in Stillstand gesetzt, dagegen einer entgegengesetzten Entwickelung der Anlagen, nämlich für das nordliche Klima, Platz gemacht haben. Setzet nun, dieser Menschenschlag hätte sich nordostwärts immer weiter bis nach Amerika herübergezogen – eine Meinung, die geständlich die größte Wahrscheinlichkeit hat –, so wären, ehe er sich in diesem Welttheile wiederum beträchtlich nach Süden verbreiten konnte, seine Naturanlagen schon so weit entwickelt, als es möglich ist, und diese Entwickelung, nun als vollendet, müßte alle fernere Anartung an ein neues Klima unmöglich gemacht haben. Nun wäre also eine Rasse gegründet, die bei ihrem Fortrücken nach Süden für alle Klimaten immer einerlei, in der Tat also keinem gehörig angemessen ist, weil die südliche Anartung vor ihrem Ausgange in der Hälfte ihrer Entwickelung unterbrochen, durch die ans nordliche Klima abgewechselt, und so der beharrliche Zustand dieses Menschenhaufens gegründet worden. In der Tat versichert Don Ulloa (ein vorzüglich wichtiger Zeuge, der die Einwohner von Amerika in beiden Hemisphären kannte), die charakteristische Gestalt der Bewohner dieses Welttheils durchgängig sehr ähnlich befunden zu haben. Was die Farbe betrifft, so beschreibt sie einer der neuern Seereisenden, dessen Namen ich jetzt nicht mit Sicherheit nennen kann, wie Eisenrost mit Öl vermischt. Daß aber ihr Naturell zu keiner völligen Angemessenheit mit irgend einem Klima gelangt ist, läßt sich auch daraus abnehmen, daß schwerlich ein anderer Grund angegeben werden kann, warum diese Rasse, zu schwach für schwere Arbeit, zu gleichgültig für emsige, und unfähig zu aller Kultur (wozu sich doch in der Naheit Beispiel und Aufmunterung genug findet), noch tief unter dem Neger selbst steht, welcher doch die niedrigste unter allen übrigen Stufen einnimmt, die wir als Rassenverschiedenheiten genannt haben.

Nun halte man alle andere mögliche Hypothesen an dies Phänomen. Wenn man nicht die von Hrn. F. schon in Vorschlag gebrachte besondere Schöpfung des Negers, mit einer zweiten, nämlich des Amerikaners, vermehren will, so bleibt keine andere Antwort übrig, als daß Amerika zu kalt, oder zu neu sei, um die Abartung der Neger oder gelben Indier jemals hervorzubringen, oder in so kurzer Zeit, als es bevölkert ist, schon hervorgebracht zu haben. Die erste Behauptung ist, was das heiße Klima dieses Weltteils betrifft, jetzt genugsam widerlegt; und, was die zweite betrifft, daß nämlich, wenn man nur noch einige Jahrtausende zu warten Geduld hätte, sich die Neger (wenigstens der erblichen Hautfarbe nach) wohl dereinst hier auch durch den allmähligen Sonneneinfluß hervorfinden würden: so müßte man erst gewiß sein, daß Sonne und Luft solche Einpfropfungen verrichten können, um sich durch einen so ins Weite gestellten, immer nach Belieben weiter hinaus zu rückenden, bloß vermuteten Erfolg nur gegen Einwürfe zu verteidigen; wie viel weniger kann, da jenes selbst noch gar sehr bezweifelt wird, eine bloß beliebige Vermutung den Tatsachen entgegen gestellt werden?

Eine wichtige Bestätigung der Ableitung der unausbleiblich erblichen Verschiedenheiten, durch Entwickelung ursprünglich und zweckmäßig in einem Menschenstamme für die Erhaltung der Art zusammenbefindlicher Anlagen, ist: daß die daraus entwickelten Rassen nicht sporadisch (in allen Weltteilen, in einerlei Klima, auf gleiche Art) verbreitet, sondern zykladisch in vereinigten Haufen, die sich innerhalb der Grenzlinie eines Landes, worin jede derselben sich hat bilden können, verteilt, angetroffen werden. So ist die reine Abstammung der Gelbfarbigen innerhalb den Grenzen von Hindostan eingeschlossen, und das nicht weit davon entfernte Arabien, welches großen Teils den gleichen Himmelsstrich einnimmt, enthält nichts davon; beide aber enthalten keine Neger, die nur in Afrika, zwischen dem Senegal und Capo Negro (und so weiter im Inwendigen dieses Weltteils) zu finden sind; indessen das ganze Amerika weder die einen noch die andern, ja gar keinen Rassencharakter der alten Welt (die Eskimos ausgenommen, die, nach verschiedenen so wohl von ihrer Gestalt, als selbst ihrem Talent hergenommenen Charakteren, spätere Ankömmlinge aus einem der alten Weltteile zu sein scheinen). Jede dieser Rassen ist gleichsam isoliert, und da sie bei dem gleichen Klima doch von einander, und zwar durch einen dem Zeugungsvermögen einer jeden derselben unabtrennlich anhängenden Charakter sich unterscheiden: so machen sie die Meinung von dem Ursprunge der letzteren aus Wirkungen des

Klima sehr unwahrscheinlich, bestätigen dagegen die Vermutung einer zwar durchgängigen Zeugungsverwandtschaft durch Einheit der Abstammung, aber zugleich die von einer in ihnen selbst, nicht bloß im Klima liegenden Ursache des klassifischen Unterschiedes derselben, welcher lange Zeit erfordert haben muß, um seine Wirkung, angemessen dem Orte der Fortpflanzung, zu tun, und nachdem diese einmal zu Stande gekommen, durch keine Versetzungen neue Abartungen mehr möglich werden läßt, welche denn für nichts anders, als eine sich allmählig zweckmäßig entwickelnde, in den Stamm gelegte, auf eine gewisse Zahl nach den Hauptverschiedenheiten der Lufteinflüsse eingeschränkte, ursprüngliche Anlage gehalten werden kann. Diesem Beweisgrunde scheint die in den zu Südasien und so weiter ostwärts zum Stillen Ozean gehörigen Inseln zerstreute Rasse der Papuas, welche ich, mit Kapt. Forrester, Kaffern genannt habe (weil er vermutlich teils in der Hautfarbe, teils in dem Kopf- und Barthaare, welche sie, der Eigenschaft der Neger zuwider, zu ansehnlichem Umfange auskämmen können, Ursache gefunden, sie nicht Neger zu nennen), Abbruch zu tun. Aber die daneben anzutreffende wundersame Zerstreuung noch anderer Rassen, nämlich der Haraforas und gewisser mehr dem reinen indischen Stamme ähnlicher Menschen, macht es wieder gut, weil es auch den Beweis für die Wirkung des Klima auf ihre Erbeigenschaft schwächt, indem diese in einem und demselben Himmelsstriche doch so ungleichartig ausfällt. Daher man auch mit gutem Grunde sie nicht für Aborigines, sondern, durch wer weiß welche Ursache (vielleicht eine mächtige Erdrevolution, die von Westen nach Osten gewirkt haben muß), aus ihren Sitzen vertriebene Fremdlinge (jene Papuas etwa aus Madagaskar) zu halten wahrscheinlich findet. Mit den Einwohnern von Frevilleiland, von denen ich Carterets Nachricht aus dem Gedächtnisse (vielleicht unrichtig) anführte, mag es also beschaffen sein, wie es wolle, so wird man die Beweistümer der Entwickelung der Rassenunterschiede in dem vermutlichen Wohnsitze ihres Stammes auf dem Kontinent, und nicht auf den Inseln, die allem Ansehen nach allererst nach längst vollendeter Wirkung der Natur bevölkert worden, zu suchen haben.

Soviel zur Verteidigung meines Begriffs von der Ableitung der erblichen Mannigfaltigkeit organischer Geschöpfe einer und derselben Naturgattung (species naturalis, so fern sie durch ihr Zeugungsvermögen in Verbindung stehen und von einem Stamme entsprossen sein* können) zum Unterschiede von der Schulgattung (species artificialis, so fern sie unter einem gemeinschaftlichen Merkmale der bloßen Vergleichung stehen), davon die erstere zur Naturgeschichte, die zweite zur Naturbeschreibung gehört. Jetzt noch etwas über das eigne System des Hrn. F. von dem Ursprunge desselben. Darin sind wir beide einig, daß alles in einer Naturwissenschaft natürlich müsse erklärt werden, weil es sonst zu dieser Wissenschaft nicht gehören würde. Diesem Grundsatze bin ich so sorgfältig gefolgt, daß auch ein scharfsinniger Mann (Hr. O. C. R. Büsching in der Rezension meiner obgedachten Schrift), wegen der Ausdrücke von Absichten, von Weisheit und Vorsorge etc. der Natur, mich zu einem Naturalisten, doch mit dem Beisatze von eigner Art, macht, weil ich in Verhandlungen, welche die bloße Naturkenntnisse und, wieweit diese reichen, angehen (wo es ganz schicklich ist, sich teleologisch auszudrücken), es nicht ratsam finde, eine theologische Sprache zu führen; um jeder Erkenntnisart ihre Grenzen ganz sorgfältig zu bezeichnen.

Allein eben derselbe Grundsatz, daß alles in der Naturwissenschaft natürlich erklärt werden müsse, bezeichnet zugleich die Grenzen derselben. Denn man ist zu ihrer äußersten Grenze gelangt, wenn man den letzten unter allen Erklärungsgründen braucht, der noch durch Erfahrung bewährt werden kann. Wo diese aufhören, und man mit selbst erdachten Kräften der Materie, nach unerhörten und keiner Belege fähigen Gesetzen, es anfangen muß, da ist man schon über die Naturwissenschaft hinaus, ob man gleich noch immer Naturdinge als Ursachen nennt, zugleich aber ihnen Kräfte

---

*Zu einem und demselben Stamme zu gehören bedeutet nicht sofort, von einem einzelnen ursprünglichen Paare erzeugt zu sein; es will nur soviel sagen: die Mannigfaltigkeiten, die jetzt in einer gewissen Tiergattung anzutreffen sind, dürfen darum nicht als so viel ursprüngliche Verschiedenheiten angesehen werden. Wenn nun der erste Menschenstamm aus noch so viel Personen (beiderlei Geschlechts), die aber alle gleichartig waren, bestand, so kann ich eben so gut die jetzigen Menschen von einem einzigen Paare, als von vielen derselben ableiten. Hr. F. hält mich im Verdacht, daß ich das letztere als ein Faktum und zwar zufolge einer Autorität, behaupten wolle; allein es ist nur die Idee, die ganz natürlich aus der Theorie folgt. Was aber die Schwierigkeit betrifft, daß, wegen der reißenden Tiere, das menschliche Geschlecht mit seinem Anfange von einem einzigen Paare schlecht gesichert gewesen sein würde, so kann ihm diese keine sonderliche Mühe machen. Denn seine allgebärende Erde durfte dieselbe nur später als die Menschen hervorgebracht haben.

beilegt, deren Existenz durch nichts bewiesen, ja sogar ihre Möglichkeit mit der Vernunft schwerlich vereinigt werden kann. Weil der Begriff eines organisierten Wesens es schon bei sich führt, daß es eine Materie sei, in der alles wechselseitig als Zweck und Mittel auf einander in Beziehung steht, und dies sogar nur als System von Endursachen gedacht werden kann, mithin die Möglichkeit desselben nur teleologische, keineswegs aber physisch-mechanische Erklärungsart, wenigstens der menschlichen Vernunft, übrig läßt: so kann in der Physik nicht nachgefragt werden, woher denn alle Organisierung selbst ursprünglich herkomme? Die Beantwortung dieser Frage würde, wenn sie überhaupt für uns zugänglich ist, offenbar außer der Naturwissenschaft in der Metaphysik liegen. Ich meinerseits leite alle Organisation von organischen Wesen (durch Zeugung) ab, und spätere Formen (dieser Art Naturdinge) nach Gesetzen der allmähligen Entwickelung von ursprünglichen Anlagen (dergleichen sich bei den Verpflanzungen der Gewächse häufig antreffen lassen), die in der Organisation ihres Stammes anzutreffen waren. Wie dieser Stamm selbst entstanden sei, diese Aufgabe liegt gänzlich über die Grenzen aller dem Menschen möglichen Physik hinaus, innerhalb denen ich doch glaubte mich halten zu müssen.

Ich fürchte daher für Hrn. F. System nichts von einem Ketzergerichte (denn das würde sich hier eben so wohl eine Gerichtsbarkeit außer seinem Gebiete anmaßen), auch stimme ich erforderlichen Falles auf eine philosophische Jury (S. 166) von bloßen Naturforschern, und glaube doch kaum, daß ihr Ausspruch für ihn günstig ausfallen dürfte. »Die kreißende Erde (S. 80), welche Tiere und Pflanzen ohne Zeugung von ihres gleichen, aus ihrem weichen, vom Meeresschlamme befruchteten Mutterschoße, entspringen ließ, die darauf gegründete Lokalzeugungen organischer Gattungen, da Afrika seine Menschen (die Neger), Asien die seinige (alle übrige), (S. 158) hervorbrachte, die davon abgeleitete Verwandtschaft aller in einer unmerklichen Abstufung vom Menschen zum Walfische (S. 77) und so weiter hinab (vermutlich bis zu Moosen und Flechten, nicht bloß im Vergleichungssystem, sondern im Erzeugungssystem aus gemeinschaftlichem Stamme) gehenden Naturkette* organischer

---

*Über diese vornehmlich durch Bonnet sehr beliebt gewordene Idee verdient des Hrn. Prof. Blumenbach Erinnerung (Handbuch der Naturgeschichte 1779. Vorrede § 7) gelesen

Wesen« – diese würden zwar nicht machen, daß der Naturforscher davor, als vor einem Ungeheuer (S. 75), zurückbebte (denn es ist ein Spiel, womit sich wohl mancher irgend einmal unterhalten hat, das er aber, weil damit nichts ausgerichtet wird, wieder aufgab), er würde aber doch davon durch die Betrachtung zurückgescheucht werden, daß er sich hiedurch unvermerkt von dem fruchtbaren Boden der Naturforschung in die Wüste der Metaphysik verirre. Zudem kenne ich noch eine eben nicht (S. 75) unmännliche Furcht, nämlich vor allem zurückzubeben, was die Vernunft von ihren ersten Grundsätzen abspannt, und ihr es erlaubt macht, in grenzlosen Einbildungen herumzuschweifen. Vielleicht hat Hr. F. auch hiedurch nur irgend einem Hypermetaphysiker (denn dergleichen gibts auch, die nämlich die Elementarbegriffe nicht kennen, die sie auch zu verachten sich anstellen und doch heroisch auf Eroberungen ausgehen) einen Gefallen tun, und Stoff für dessen Phantasie geben wollen, um sich hernach hierüber zu belustigen.

Wahre Metaphysik kennt die Grenzen der menschlichen Vernunft, und unter anderen diesen ihren Erbfehler, den sie nie verleugnen kann: daß sie schlechterdings keine Grundkräfte a priori erdenken kann und darf (weil sie alsdann lauter leere Begriffe aushecken würde), sondern nichts weiter tun kann, als die, so ihr die Erfahrung lehrt (so fern sie nur dem Anscheine nach verschieden, im Grunde aber identisch sind), auf die kleinstmögliche Zahl zurück zu führen, und die dazu gehörige Grundkraft, wenns die Physik gilt, in der Welt, wenn es aber die Metaphysik angeht (nämlich die nicht weiter abhängige anzugeben), allenfalls außer der Welt zu suchen. Von einer Grundkraft aber (da wir sie nicht anders als durch die Beziehung einer Ursache auf eine Wirkung kennen) können dir keinen andern Begriff geben und keinen Namen dafür ausfinden, als der von der Wirkung hergenommen ist und gerade nur diese Beziehung ausdrückt.* Nun ist der Begriff eines or-

---

zu werden. Dieser einsehende Mann legt auch den Bildungstrieb, durch den er so viel Licht in die Lehre der Zeugungen gebracht hat, nicht der unorganischen Materie, sondern nur den Gliedern organisirter Wesen bei.

* Z. B. die Einbildung im Menschen ist eine Wirkung, die wir mit andern Wirkungen des Gemüts nicht als einerlei erkennen. Die Kraft, die sich darauf bezieht, kann daher nicht anders als Einbildungskraft (als Grundkraft) genannt werden. Eben so sind, unter dem Titel der bewegenden Kräfte Zurückstoßungs- und Anziehungskraft Grundkräfte. Zu der Einheit der Substanz haben verschiedene geglaubt eine einige Grundkraft annehmen zu

ganisirten Wesens dieser: daß es ein materielles Wesen sei, welches nur durch die Beziehung alles dessen, was in ihm enthalten ist, auf einander als Zweck und Mittel, möglich ist (wie auch wirklich jeder Anatomiker, als Physiolog, von diesem Begriffe ausgeht). Eine Grundkraft, durch die eine Organisation gewirkt würde, muß also als eine nach Zwecken wirkende Ursache gedacht werden, und zwar so, daß diese Zwecke der Möglichkeit der Wirkung zum Grunde gelegt werden müssen. Wir kennen aber dergleichen Kräfte, ihrem Bestimmungsgrunde nach, durch Erfahrung, nur in uns selbst, nämlich an unserem Verstande und Willen, als einer Ursache der Möglichkeit gewisser ganz nach Zwecken eingerichteter Produkte, nämlich der Kunstwerke. Verstand und Wille sind bei uns Grundkräfte, deren der letztere, so fern er durch den erstern bestimmt wird, ein Vermögen ist, etwas gemäß einer Idee, die Zweck genannt wird, hervorzubringen. Unabhängig von aller Erfahrung aber sollen wir uns keine neue Grundkraft erdenken, dergleichen doch diejenige sein würde, die in einem Wesen zweckmäßig wirkte, ohne doch den Bestimmungsgrund in einer Idee zu haben. Also ist der Begriff von dem Vermögen eines Wesens, aus sich selbst zweckmäßig, aber ohne Zweck und Absicht, die in ihr oder seiner Ursache lägen, zu wirken – als eine besondere Grundkraft, von der die Erfahrung kein Beispiel gibt – völlig erdichtet und leer, d. i. ohne die mindeste Gewährleistung, daß ihr überhaupt irgend ein Objekt korrespondieren könne. Es mag also die Ursache organisierter Wesen in der Welt oder außer der Welt anzutreffen sein, so müssen wir entweder aller Bestimmung ihrer Ursache entsagen, oder ein intelligentes Wesen uns dazu denken; nicht, als ob wir (wie der sel. Mendelssohn

---

müssen, und haben sogar gemeint, sie zu erkennen, indem sie bloß den gemeinschaftlichen Titel verschiedener Grundkräfte nannten, z. B. die einzige Grundkraft der Seele sei Vorstellungskraft der Welt; gleich als ob ich sagte: die einzige Grundkraft der Materie ist bewegende Kraft, weil Zurückstoßung und Anziehung beide unter dem gemeinschaftlichen Begriffe der Bewegung stehen. Man verlangt aber zu wissen, ob sie auch von dieser abgeleitet werden können, welches unmöglich ist. Denn die niedrigern Begriffe können, nach dem was sie Verschiedenes haben, von dem höheren niemals abgeleitet werden; und was die Einheit der Substanz betrifft, von der es scheint, daß sie die Einheit der Grundkraft schon in ihrem Begriffe bei sich führe, so beruht diese Täuschung auf einer unrichtigen Definition der Kraft. Denn diese ist nicht das, was den Grund der Wirklichkeit der Akzidenzen enthält (denn das Substanz), sondern ist bloß das Verhältnis der Substanz zu den Akzidenzen, so fern sie den Grund ihrer Wirklichkeit enthält. Es können aber der Substanz (unbeschadet ihrer Einheit) verschiedene Verhältnisse gar wohl beigelegt werden.

mit andern glaubte) einsähen, daß eine solche Wirkung aus einer andern Ursache unmöglich sei: sondern, weil wir, um eine andere Ursache mit Ausschließung der Endursachen zum Grunde zu legen, uns eine Grundkraft erdichten müßten, wozu die Vernunft durchaus keine Befugnis hat, weil es ihr alsdann keine Mühe machen würde, alles, was sie will und wie sie will, zu erklären.

Und nun die Summe von allem diesem gezogen! Zwecke haben eine gerade Beziehung auf Vernunft, sie mag nun fremde, oder unsere eigene sein. Allein, um sie auch in fremder Vernunft zu setzen, müssen wir unsere eigene, wenigstens als ein Analogon derselben, zum Grunde legen; weil sie ohne diese gar nicht vorgestellt werden können. Nun sind die Zwecke entweder Zwecke der Natur, oder der Freiheit. Daß es in der Natur Zwecke geben müsse, kann kein Mensch a priori einsehen; dagegen er a priori ganz wohl einsehen kann, daß es darin eine Verknüpfung der Ursachen und Wirkungen geben müsse. Folglich ist der Gebrauch des teleologischen Prinzips in Ansehung der Natur jederzeit empirisch bedingt. Eben so würde es mit den Zwecken der Freiheit bewandt sein, wenn dieser vorher die Gegenstände des Wollens durch die Natur (in Bedürfnissen und Neigungen) als Bestimmungsgründe gegeben werden müßten, um, bloß vermittelst der Vergleichung derselben unter einander und mit ihrer Summe, dasjenige durch Vernunft zu bestimmen, was wir uns zum Zwecke machen. Allein die Kritik der praktischen Vernunft zeigt, daß es reine praktische Prinzipien gebe, wodurch die Vernunft a priori bestimmt wird, und die also a priori den Zweck derselben angeben. Wenn also der Gebrauch des teleologischen Prinzips zu Erklärungen der Natur, darum, weil es auf empirische Bedingungen eingeschränkt ist, den Urgrund der zweckmäßigen Verbindung niemals vollständig und für alle Zwecke bestimmt gnug angeben kann: so muß man dieses dagegen von einer reinen Zweckslehre (welche keine andere als die der Freiheit sein kann) erwarten, deren Prinzip a priori die Beziehung einer Vernunft überhaupt auf das Ganze aller Zwecke enthält und nur praktisch sein kann. Weil aber eine reine praktische Teleologie, d. i. eine Moral, ihre Zwecke in der Welt wirklich zu machen bestimmt ist, so wird sie deren Möglichkeit in derselben, sowohl was die darin gegebene Endursachen betrifft, als auch die Angemessenheit der obersten Welturache zu einem Ganzen aller Zwecke, als Wirkung, mithin so wohl die natürliche Teleologie, als auch die Möglichkeit einer Natur überhaupt, d. i. die Transzendental-Philosophie, nicht verabsäumen dürfen, um der praktischen reinen Zweckslehre objektive Realität, in Absicht auf die Möglichkeit des Objekts in der Ausübung, nämlich die des Zwecks, den sie als in der Welt zu bewirken vorschreibt, zu sichern.

In beider Rücksicht hat nun der Verfasser der Briefe über die K. Philosophie sein Talent, Einsicht und ruhmwürdige Denkungsart, jene zu allgemein notwendigen Zwecken nützlich anzuwenden, musterhaft bewiesen; und, ob es zwar eine Zumutung an den vortrefflichen Herausgeber gegenwärtiger Zeitschrift ist, welche der Bescheidenheit zu nahe zu treten scheint, habe ich doch nicht ermangeln können, ihn um die Erlaubnis zu bitten, meine Anerkennung des Verdienstes, das der ungenannten und mir bis nur vor kurzem unbekannten Verfassers jener Briefe um die gemeinschaftliche Sache einer nach festen Grundsätzen geführten sowohl spekulativen als praktischen Vernunft, so fern ich einen Beitrag dazu zu tun bemüht gewesen, in seine Zeitschrift einrücken zu dürfen. Das Talent einer lichtvollen, sogar anmutigen Darstellung trockener abgezogener Lehren, ohne Verlust ihrer Gründlichkeit, ist so selten (am wenigsten dem Alter beschieden) und gleichwohl so nützlich, ich will nicht sagen bloß zur Empfehlung, sondern selbst zur Klarheit der Einsicht, der Verständlichkeit, und damit verknüpften Überzeugung, – daß ich mich verbunden halte, demjenigen Manne, der meine Arbeiten, welchen ich diese Erleichterung nicht verschaffen konnte, auf solche Weise ergänzte, meinen Dank öffentlich abzustatten.

Ich will bei dieser Gelegenheit nur noch mit wenigem den Vorwurf entdeckter vorgeblicher Widersprüche in einem Werke von ziemlichem Umfange, ehe man es im Ganzen wohl gefaßt hat, berühren. Sie schwinden insgesamt von selbst, wenn man sie in der Verbindung mit dem übrigen betrachtet. In der Leipz. gel. Zeitung 1787, No. 94 wird das, was in der Kritik etc. Auflage 1787, in der Einleitung S. 3, Zeile 7 steht, mit dem, was bald darauf S. 5, Z. 1 und 2 angetroffen wird, als in geradem Widerspruche stehend angegeben; denn in der ersteren Stelle hatte ich gesagt: von den Erkenntnissen a priori heißen diejenige rein, denen gar nichts Empirisches beigemischt ist, und hatte als ein Beispiel des Gegenteils den Satz angeführt: alles Veränderliche hat eine Ursache. Dagegen führe ich S. 5 eben diesen Satz zum Beispiel einer reinen Erkenntnis a priori, d. i. einer solchen, die von nichts Empirischem abhängig ist, an; – zweierlei Bedeutungen des Worts rein, von denen ich aber im ganzen Werke es nur mit der letzteren zu tun habe. Freilich hätte ich den Mißverstand durch ein Beispiel der erstern Art Sätze verhüten können: Alles Zufällige hat eine Ursache. Denn hier ist gar nichts Empirisches beigemischt. Wer besinnt sich aber auf alle Veranlassungen zum Mißverstande? – Eben das ist mir mit einer Note zur Vorrede der Metaph. Anfangsg. d. Nat. W. S. XVI bis XVII widerfahren, da ich die Deduktion der Kategorien zwar für wichtig, aber nicht für äußerst notwendig ausgebe, letzteres aber in der Kritik doch geflissentlich behaupte. Aber man sieht leicht, daß sie dort nur zu einer negativen Absicht, nämlich um zu beweisen, es könne vermittelst ihrer allein (ohne sinnliche Anschauung) gar kein Erkenntnis der Dinge zu Stande kommen, in Betrachtung gezogen werden, da es denn schon klar wird, wenn man auch nur die Exposition der Kategorien (als bloß auf Objekte überhaupt angewandte logische Funktionen) zur Hand nimmt. Weil wir aber von ihnen doch einen Gebrauch machen, darin sie zur Erkenntnis der Objekte (der Erfahrung) wirklich gehören, so mußte nun auch die Möglichkeit einer objektiven Gültigkeit solcher Begriffe a priori in Beziehung aufs Empirische besonders bewiesen werden, damit sie nicht gar ohne Bedeutung, oder auch nicht empirisch entsprungen zu sein geurteilt würden; und das war die positive Absicht, in Ansehung deren die Deduktion allerdings unentbehrlich notwendig ist.

Ich erfahre eben jetzt, daß der Verfasser obbenannter Briefe, Herr Rath Reinhold, seit kurzem Professor der Philosophie in Jena sei; ein Zuwachs, der dieser berühmten Universität nicht anders als sehr vortheilhaft sein kann.